話せる

ビジネス・シャッフル
森沢洋介の
瞬間英作文

TAC出版
TAC PUBLISHING Group

はじめに

　本書『森沢洋介の話せる瞬間英作文 [ビジネス：シャッフル]』は、第１弾『森沢洋介の話せる瞬間英作文 [ビジネス：文法別]』に続く、**ビジネス瞬間英作文シリーズの第２弾**です。

　英語を話すための第一歩は、頭ではよくわかっている基本文型を自在に操作できるようになることです。英文を考え込むことなく自動的に楽々と作り出す能力、いわば「瞬間英作文回路」は、発想の転換をして必要なトレーニングをしさえすれば、ある程度の基礎知識がある人ならば、比較的短期間で獲得することができます。それが私の提案する、簡単な英文をスピーディーに大量に作っていく「瞬間英作文トレーニング」です。

　このトレーニングをご紹介した私の書籍は、幸いにも、英語を学習される多くの方からのご好評を得ることができました。ただその結果、仕事の場で英語を話したいという方から、「**例文のレベルはそのままで、ビジネスの場面でも応用しやすい本はできないでしょうか**」「**ビジネス英語の語彙を含んだ例文でトレーニングしたいのですが**」というご意見もいただくようになりました。

　こうしたビジネスパーソンのご要望にお応えすべく、ビジネス向け資格書を数多く出版するＴＡＣ出版とコラボレーションし、刊行したのが第１弾『森沢洋介の話せる瞬間英作文 [ビジネス：文法別]』です。重要なビジネス英語の語彙を含んだ例文で瞬間英作文トレーニングをすることで、即座に反射的に英語が話せる「瞬間英作文回路」の獲得、仕事の場で英語が使える「ビジネス

語彙」の習得、「TOEIC® L&R TEST」のスコアのアップも可能な1冊となっています。

　そして今回、その第2弾として『森沢洋介の話せる瞬間英作文[ビジネス：シャッフル]』をお届けします。第1弾は、基本文型・文法事項別に並べた形でのトレーニングでしたが、第2弾の本書では、**文型・文法をシャッフルした形でトレーニング**します。実際の会話同様、**一文ごとに文法・文型が変わる**ため、**より実践的に英語を話す力が鍛えられ、応用力も格段にアップ**することでしょう。

本書の３つの工夫

❶ 中学1〜3年レベルの**基本文型・文法事項**に基づいたものでありながら、**ビジネスの場面ですぐに使える例文**を採用。一文ごとに使うべき文法・文型が変わるシャッフル形式ですので、**より実践的に英語を話す力が養成**できます。

❷ ビジネスでの会話で多く使用、TOEIC® L&R TEST で頻出という単語や語句は、付属の赤シートを使って**効率よく覚える**ことが可能です。

❸ **文法・文型に関するヒント**や、発展的な学習の助けになる**単語や語句についてのプラスαの知識**なども掲載しています。

　ビジネスの場で英語を使うことを志すみなさんが、本書とともに、歩みをさらに進められることを願ってやみません。

森沢洋介

本書の特長と使い方

1 瞬間英作文回路の定着＆ビジネス語彙の増強

　本書は、瞬間英作文回路の定着と、ビジネス語彙の増強を目的としています。本書を十分に活用されるために、以下の手順で学習されることをおすすめします。

　最初は通常の瞬間英作文トレーニングの手順で、左ページの日本文を見て英作文した後、右ページの英文を見て答え合わせをします。ビジネス英語で使用される重要単語や語句は赤字になっていますので、日本文と対応させながら、意味をしっかりと確認しましょう。

　練習を重ね、ビジネス英語の語彙に馴染んできたら、答え合わせの際に赤シートを使います。隠れた箇所にどんな単語や語句が入るのかを考える際には、黒字になっている頭文字のヒントも参考にしてください。

　あてはまる単語や語句がすぐに思い浮かぶようになったら、もう赤シートは使わなくても大丈夫です。瞬間英作文トレーニングを続けることで、ビジネス英語の重要単語や語句を、「意味を知っている」だけでなく、「話すために使える」ものにすることができます。

2 収録音声

　本書の音声には、日本文と英文の間にポーズが入っています。**日本文を聞いたらポーズの間に英文を口に出す練習をしましょう**。文字を読んで英文を作る作業と、音声に反応して英文を作る作業とでは、受ける刺激も異なりますので、音声をうまく利用することで大きな効果が期待できます。

音声ダウンロードのご案内

本書の音声は、以下よりダウンロードしていただけます。

● 「TAC 出版」で検索、TAC 出版ウェブページ「サイバーブックストア」へ。
● 「各種サービス」より「書籍連動ダウンロードサービス」を選択し、「森沢洋介の話せる瞬間英作文 [ビジネス：シャッフル]」に進んで、パスワードを入力してください。

パスワード 230810411

※ ダウンロードされた音声は MP3 形式となります。
　データの保存方法、デジタルオーディオプレイヤー等での再生方法ほか、各種機器の操作方法等に関しては、各機器メーカーにお問い合わせください。

瞬間英作文トレーニング ページの構成

30

TRACK ▶30

❽ 比較級の前についた muchは「ずっと」の意味に なります。

❶ 彼女はまだその新しい部署に異動していません。

❷ もし彼が明日までにその作業を終えることができなけれ ば、私がそれをします。

❸ 誰があなたを待っていたのですか？

❹ この半袖のシャツはいくらですか？

❺ 私にとってそのイベントを主催するのは難しい。

❻ これは私たちの目標です。

❼ 私の上司は、その組み立てラインは一日中対応可能だと 思っていた。

❽ あの国の文化は日本の文化よりずっと多様性がある。

❾ 私たちは共有するべきいくつかの情報を持っている。

❿ これはなんて良いパーティーなのでしょう！

ユニット内の英文 に関する文法事項 などをお知らせし ています。

日本文を見て、 スピーディーに 英作文を行いましょう。

文法・文型に関する
ヒントです。

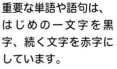

赤シートつき

┌─ TIPS ─
❶ 現在完了形 ― 完了　❷ 副詞節を導く接続詞　❸ 過去進行形
容詞＋be動詞〜?　❺ 形式主語 it　❻ 人称代名詞 ― 所有格　❼ that
較級 ― 形容詞more形　❾ to不定詞 ― 形容詞的用法　❿ 感嘆文

重要な単語や語句は、
はじめの一文字を黒
字、続く文字を赤字に
しています。
答え合わせの際に赤
シートを使うことで、
効果的に覚えることが
可能です。

❶ She hasn't transferred to the new department y

❷ If he can't finish the work by tomorrow, I will do i

❸ Who was waiting for you?

❹ How much is this short-sleeved shirt?

❺ It's difficult for me to organize the even

下線部分の単語や語句に
関するプラスαです。

❻ This is our goal.

主語が人でも物でも
使えます。

❼ My boss thought that
the assembly line was available all day.

❽ The culture of that country is much more diverse
than the culture of Japan.

❾ We have some information to share.

❿ What a good party this is!

英文を見ながら、
「英文を口に馴染ませる」
作業も行いましょう。

7

瞬間英作文トレーニング

３つのステップで「瞬間英作文回路」を獲得
　瞬間英作文トレーニングとは、**日本文を即座に英文に変える練習**のことです。**❶日本文を見て英作文 → ❷英文を見て答え合わせ → ❸英文を口に馴染ませる（音読 → 暗唱）という、３つのステップ**を繰り返します。このトレーニングでは**スピード感が何より重要**ですので、日本文を見て英作文する際や、それぞれのステップを行う際は、**テンポ良く、スピーディーに行うこと**を心がけてください。

◆１回転め
❶ 日本文を見て英作文
　まずは**口頭で素早く英作文**します。左ページの日本文を見て英文を口に出すまで、考えるための時間は５、６秒程度が目安です。

❷ 英文を見て答え合わせ
　右ページの英文を見て、**自分の作った英文が合っているか、間違えた場合はどこが違うのかを確認**しましょう。なお、どうしてこういう英文になるのかがわからない場合は、先に英文法をさっと復習した後にトレーニングを始めた方が良いかもしれません。トレーニングの効果を最大限に発揮するには、基礎的な英文法の理解が必要不可欠です。

❸ 英文を口に馴染ませる（音読→暗唱）

　「英文を口に馴染ませる」とは、**英文をよどみなく口に出せるように、実際に声に出しながら何度も練習すること**です。まずは**英文を見ながら音読**を繰り返します。英文をスムーズに口にすることができたら、今度は**テキストを見ないで暗唱**しましょう。

◆２回転め以降

　トレーニングがひととおり終わったら、また最初に戻って❶〜❸を繰り返します。日本文を即座に英文に変換できる（音声でのトレーニングの場合はポーズの間に英文が言える）ようになれば、トレーニングは終了です。

目次

※トレーニングに使用する日本文、英文内の（　）は省略可、[　]
　は言い換え可を示しています。

Unit
1 – 25

I will have a
cup of coffee.

⑩ so〜that…以外にも、because［as］を使って「〜なので」を表現することができます。

① あなたはこのワクチンを開発したその科学者を知っていますか？

② あなたがたはどこでこの製品を売り出す予定ですか？

③ 佐藤さんは何部コピーが必要ですか？
― 彼は10部必要です。

④ 彼は彼女にその証拠を見せた。

⑤ 私は１杯のコーヒーをもらいます。

⑥ そのお客さんが私に電話した時、私の上司は席をはずしていた。

⑦ その年次株主総会はおととい開催されました。

⑧ 彼の勤務態度は良いですか？
― いいえ、良くありません。

⑨ 私たちが昨日面接したその候補者は５か国語を話します。

⑩ この作業はとても退屈なので、私はそれを続けたくない。

12

❶ Do you know the scientist who [that] developed this <u>vaccine</u>? jabとも言います。

❷ Where are you going to market this product?

❸ How many copies does Mr. Sato need?
— He needs 10 copies.

❹ He showed the evidence to her.

❺ I will have a cup of coffee.

❻ When the customer called me, my boss was away from his desk. 「あさって」はthe day after tomorrowです。

❼ The annual stockholder's meeting was held <u>the day before yesterday</u>.

❽ Is his work attitude good?
— No, it isn't.

❾ The candidate (whom / that) we interviewed yesterday speaks five languages.

❿ This work is so <u>boring</u> that I don't want to continue it.

boringとbored「(人が)退屈した」を正しく使い分けましょう。

13

⑤ SVO+toを使って表現することもできます。

① 私はあなたと一緒に仕事をすることができて嬉しいです。

② 私は彼に乾杯の音頭を取るよう頼んだ。

③ どの地図アプリが一番便利ですか？

④ その交通（渋滞）はとてもひどいだろうから、私たちはそのホテルを早く出発しなければならないだろう。

⑤ その女性は私にその本社ビルの1枚の写真を見せた。

⑥ 彼は午前中いくつアポがありますか？

⑦ 誰がそのクレームに対応するのですか？

⑧ 私は彼にこれに対処する方法を伝えた。

⑨ その食べ物はとても高級なので、私たちはそれを買うことができない。

⑩ 私は今すぐ私の助手にそのEメールに返信させます。

━ TIPS ━

❶ to不定詞 ─ 副詞的用法（感情の原因）　❷ SVO＋to不定詞　❸ 最上級 ─ 疑問詞の文　❹ so〜that…　❺ SVOO　❻ How many 〜?　❼ 疑問詞主語 who　❽ 疑問詞＋to不定詞　❾ so〜that…　❿ 使役動詞＋目的語＋原形不定詞

❶ I am glad to work with you.

❷ I asked him to propose a toast.

綴りの似たterrificは「素晴らしい」の意味です。

❸ Which maps application is the most convenient?

❹ The traffic will be so terrible that we'll have to leave the hotel early.

❺ The woman showed me a picture of the headquarters building.

headquartersは単複同形です。

❻ How many appointments does he have in the morning?

❼ Who deals with the complaint?

❽ I told him how to handle this.

❾ The food is so luxurious that we cannot buy it.

❿ I'll have my assistant reply to the email right now.

⑦ to不定詞のTo solve を動名詞のSolvingにすることもできます。

① 彼は3人の中で一番簡単に怒る。

② 私は今日の午後、打合せがあります。

③ 彼らはどのくらいの間、その通訳者のことを待っているのですか？

④ そのイベントに参加してもらえますか？
― わかりました。

⑤ あなたはどうやってプレゼンをするのですか？

⑥ 父親がパイロットであるその少女は客室乗務員になりたがっている。

⑦ 今日この複雑な問題を解決することは不可能です。

⑧ あれは空調システムがない倉庫です。

⑨ 私は彼の作業を引き継がなければなりませんか？

⑩ 彼らはどんな焼き菓子が好きなのかしら。

━ TIPS ━

❶ 最上級 ─ 副詞　❷ 一般動詞　❸ 現在完了進行形　❹ will ─ 依頼　❺ how
❻ 関係代名詞 ─ 所有格　❼ to不定詞 ─ 名詞的用法　❽ 関係副詞 where　❾
must　❿ 間接疑問文

❶ He gets angry the most easily of the three.

❷ I have a **meeting** this afternoon.

「翻訳者」は
translatorです。

❸ How long have they been waiting for the <u>interpreter</u>?

❹ Will you please **attend** the **event**?
— All right.

❺ How do you **give** a **presentation**?

flight attendant
とも言います。

❻ The girl whose father is a pilot wants to be a <u>cabin attendant</u>.

complicatedも
使います。

❼ To **solve** this <u>complex</u> **problem** today is impossible.

❽ That is the **warehouse** where there is no **air** conditioning system.

❾ Must I **take over** his work?

❿ I wonder what baked sweets they like.

17

❹ decideは、目的語として to不定詞はとりますが、動名詞はとりません。

4

TRACK ▶ 4

❶ 彼はいつ彼女に連絡しますか？

❷ 彼は1時間ずっとおしゃべりしている。

❸ 彼はこのソフトを使うことができません。

❹ 私の息子は歩いて通勤することに決めた。

❺ 彼は一度も彼女の助けを求めたことがありません。

❻ 私は誰をそのパーティーに招待するべきかわからなかった。

❼ その打合せに遅れてすみません。

❽ 私はこのペンを借りてもいいですか？
― もちろんです。

❾ そのユニークなデザインはとても目立ったので、多くの人々がそれに注意を向けた。

❿ 誰がこの部署を担当しますか？

18

TIPS

① when ② 現在完了進行形 ③ can ④ to不定詞 ― 名詞的用法 ⑤ 現在完了形 ― 経験 ⑥ 疑問詞＋to不定詞 ⑦ to不定詞 ― 副詞的用法（感情の原因） ⑧ may ⑨ so〜that… ⑩ 疑問詞主語 who

① When does he contact her?

② He has been chatting for an hour.

③ He can't use this software.

「通勤定期券」は commuter passです。

④ My son decided to commute on foot.

⑤ He has never asked for her help.

⑥ I didn't know who [whom] to invite to the party.

⑦ I am sorry to be late for the meeting.

⑧ May I borrow this pen?
― Of course.

borrow⇔lend「貸す」

⑨ The unique design was so remarkable that many people paid attention to it.

⑩ Who is in charge of this department?

❸ With more timeは、例えばIf we had had more timeなどに言い換えられます。

① 私が彼に電話しましょうか？
— 私がします。

② これらの文書は何ですか？
— 監査報告書です。

❸ もっと時間があれば、その販売促進は成功しただろうなあ。

❹ 私たちは彼らにその納期を繰り上げて欲しい。

❺ 私たちはこのタスクを1週間以内に完了する必要があります。

❻ あれは誰のワークショップですか？
— 彼らのです。

❼ 彼の演説の概要を私にください。

❽ どちらが彼女の履歴書ですか？

❾ あなたのオフィスはどのくらい広いのですか？

❿ その経理担当者はこの間違いの理由を説明するでしょう。

❶ Shall I call him?
— I will.

> 「文書、書類」の意味では複数形です。

❷ What are these papers?
— They are audit reports.

❸ With more time, the sales promotion would have succeeded.

❹ We want them to move up the delivery date.

❺ We need to complete this task within a week.

❻ Whose workshop is that?
— It's theirs.

❼ Please give the summary of his speech to me.

❽ Which is her résumé?

> 綴りの似たresumeは「再開する」などの意味になります。

❾ How large is your office?

❿ The bookkeeper will explain the reason for this mistake.

> 「簿記」はbookkeepingです。

21

❽ offeringは、関係代名詞を使ってwhich are offeringに言い換えることもできます。

① 彼女たちは誰ですか？
　— バイヤーたちです。

② あなたはどうやってその競合相手を打ち負かすのですか？

③ 彼らは輸出するためのいくつかの種類の製品を持っている。

④ 私はこの質問に返答しなければならない。

⑤ 先週発送されたその荷物はまだここに届いていない。

⑥ その議長はどこにいますか？
　— 彼女はその控室にいます。

⑦ あれらは彼女の書類です。

⑧ あなたはより安い価格を提案している会社をいくつか知っていますか？

⑨ あれは私の名刺です。

⑩ 私はすでに私の前任者から引継ぎ情報を受け取りました。

❶ Who are they?
— They are buyers.

❷ How do you beat
the competitor?

export⇔import
「輸入する」

❸ They have some kinds
of products to export.

❹ I have to reply
to this question.

ウェブサイトで見かけるFAQは frequently asked questions 「よくある質問」の意味です。

❺ The package which [that]
was shipped last week hasn't arrived here yet.

❻ Where is the chairperson?
— She is in the waiting room.

❼ Those are her documents.

❽ Do you know any companies offering lower prices?

❾ That is my business card.

❿ I have already received handover
information from my predecessor.

hand overは「引き渡す」の意味です。

7

TRACK ▶ 7

⑩ This room is very small, so it cannot accommodate〜に言い換えることもできます。

① もし今日その電気工が来なければ、明日私たちは働けないでしょう。

② 彼は彼女がその階段を駆け上がるのを見た。

③ どちらがあなたの家具ですか？

④ あなたはどのくらいの間、ロンドンで働いているのですか？

⑤ 彼女がその会社に入社した年は2010年でした。

⑥ 彼女はあなたにその合併ニュースの詳細を教えましたか？

⑦ 彼は2年間、製品開発を担当している。

⑧ 誰がその電子レンジを使うのですか？
― 彼女だけです。

⑨ 彼にとって新しい機能を試すことは面白い。

⑩ この部屋は小さすぎて、そのゲスト全員を収容することができない。

24

❶ If the **electrician** doesn't come today, we will not be able to work tomorrow.

❷ He saw her run up the stairs.

money、informationや time などと同じ不可算名詞です。

❸ Which is your <u>furniture</u>?

❹ How long have you been working in London?

❺ The year when she **joined** the company was 2010.

「（企業の）合併・買収」は M&A（mergers and acquisitions）と言います。

❻ Did she tell the **details** of the <u>merger</u> news to you?

❼ He has been **in charge of** **product** <u>development</u> for two years.

❽ Who uses the **microwave**?
— Only she does.

「研究開発」はR&D（research and development）と言います。

❾ It's interesting for him to try new **functions**.

❿ This room is too small to **accommodate** all the guests.

❸ 時や条件の副詞節では、未来のことでも動詞は現在形です。

TRACK ▶ 8

❶ 私の父は、私が消防士になった時、不安に感じた。

❷ 昨日完了しなかったその交渉は明日再開される予定です。

❸ その復旧が完了するまで、私たちは待ち続けなければならない。

❹ 彼女は何をしなければならなかったのですか？
— 彼女はその予算を削減しなければなりませんでした。

❺ あの背の高い重役は誰ですか？
— 彼はハリスさんです。

❻ この皿はあの皿と同じくらい壊れやすいですか？

❼ このウイルス対策ソフトを買いましょう。

❽ 今月、売り上げはどうですか？

❾ 私たちは明日それを取り替えます。

❿ その広告賞を勝ち取ったそのデザイナーは喜んでいなかった。

❶ My father felt uneasy when I became a **f**irefighter.

❷ The **n**egotiation which [that] wasn't **c**ompleted yesterday is going to be **r**esumed tomorrow.

❸ We have to keep waiting until the **r**estoration is **c**ompleted.

「木を剪定する、毛を刈る」の意味もあります。

❹ What did she have to do?
— She had to <u>t</u><u>rim</u> the **b**udget.

❺ Who is that tall **e**xecutive?
— He is Mr. Harris.

❻ Is this dish as **f**ragile as that dish [that one]?

反〜、抗〜などの意味です。

❼ Let's buy this <u>a</u><u>nti</u>-virus **s**oftware.

❽ How are the <u>s</u><u>ales</u> this month?

❾ We will **r**eplace it tomorrow.

このsalesは名詞saleの複数形です。

❿ The designer who [that] **w**on the **a**dvertising **a**ward wasn't delighted.

9

⑤ few＋可算名詞の複数形は「ほとんどない」、a few＋可算名詞の複数形は「少しはある」です。

❶ 私は、ここでけがをした日を忘れることができない。

❷ いつ、あなたの医者はその病院を出ますか？

❸ 座ってください。

❹ その請負業者はその注文をキャンセルすることはできないでしょう。

❺ その上司が言うことを支持するメンバーはほとんどいない。

❻ あなたは快適ですか？
　 — はい、快適です。

❼ 彼女はどのくらい時間が必要なのですか？

❽ 私はその封筒が届いているのに気づかなかった。

❾ 彼女は明日の朝、最も早くその駅に着くでしょう。

❿ 彼女のファイルはここにあります。彼のは向こうにあります。

❶ I can't forget the day when I got <u>injured</u> here.

名詞でinjuryは一般的なけがが、woundは銃、刃物による傷です。

❷ When does your <u>doctor</u> leave the hospital?

physician「内科医」、surgeon「外科医」です。

❸ Please have a seat.

❹ The contractor won't be able to cancel the order.

❺ Few members support what the boss says.

❻ Are you comfortable?
―Yes, I am.

❼ How much time does she need?

❽ I didn't notice the envelope arrive.

stop(名詞)も使います。

❾ She will get to the <u>station</u> the earliest tomorrow morning.

❿ Her file is here. His is over there.

10

TRACK ▶ 10

❸ not＋any＋複数形（不可算名詞の場合は単数形）は「ひとつもない」という意味になります。

❶ その面接の前、彼女は緊張しているように見えた。

❷ 彼女は北京に引っ越した後、中国語を勉強し始めた。

❸ このオフィスには電子レンジがひとつもありません。

❹ 私は、私の義務を果たすことができた。

❺ 彼がその支社で働いていた時、彼が一番上手にクレームに対処することができた。

❻ これらはあなたがたの製品ですか？
ー はい、そうです。

❼ その論点は明日話し合われないだろう。

❽ あの道具がここで一番新しいです。

❾ 寝る時間です。

❿ トムとナンシーは何をしているのですか？
ー 彼らはその倉庫の中でその在庫を確認しています。

❶ She looked **n**ervous before the **i**nterview.

❷ She began to study Chinese after she **m**oved **t**o Beijing.

❸ There aren't any **m**icrowaves in this office.

「職務」の意味もあります。

❹ I was able to **f**ulfill my <u>duties</u>.

❺ He could **h**andle **c**omplaints (the) best when he worked in the <u>branch</u>.

❻ Are these your **p**roducts? — Yes, they are.

branch office とも言います。

❼ The **i**ssue will not be **d**iscussed tomorrow.

❽ That **t**ool is the newest here.

time to sleep も使います。

❾ It's <u>bed time</u>.

❿ What are Tom and Nancy doing? — They're **c**hecking the **i**nventory in the **w**arehouse.

11

TRACK ▶ 11

❾ 比較級＋any other の後の名詞は、原則として単数形になります。

---

① あなたの仕事仲間は3か国語話者ですか？
― いいえ、彼女は違います。

---

② 私は大学でマーケティングを専攻するつもりです。

---

③ 彼は私たちのプロジェクトがうまくいくと考えていない。

---

④ あなたは今、地面が揺れているのを感じますか？

---

⑤ 言い争うのをやめてもらえますか？

---

⑥ 私は、叔父が会計事務所を経営する友達がいます。

---

⑦ この部屋の中は明るすぎます。

---

⑧ 彼らはその会社の行事をキャンセルするでしょう。

---

⑨ これは他のどのガジェットより役に立つ。

---

⑩ 今日、薬を調剤することは可能ではありません。

❶ Is your coworker a <u>trilingual speaker</u>?
— No, she isn't.

❷ I am going to major
in marketing at university.

多言語話者はmultilingual speakerと言います。

❸ He doesn't think that our project will go well.

❹ Do you feel the earth shaking now?

❺ Will you please stop arguing?

❻ I have a friend whose uncle runs an accounting firm.

❼ It is too bright in this room.

❽ They will cancel the company event.

❾ This is more <u>useful</u>
than any other gadget.

helpfulも使います。

❿ To <u>dispense</u> medication today
is not possible.

「(薬を)処方する」はprescribeです。

❺❼ SVOの後ろには、toが続く場合とforが続く場合があります。

① あなたはこのアプリを開発したその人を知っていますか？

② あなたは、私が出張でいない間に何をしていたのですか？

③ あなたがたは何時に開店しますか？
― 私たちは午前９時に開店します。

④ 今すぐにネットに接続するのは不可能です。

⑤ 経理部の太郎が彼らに簿記を教えているのですか？

⑥ 彼女は彼女の上司が説明するのをいつも注意深く聴く。

⑦ 営業部の佐藤さんは彼の両親のために車を買った。

⑧ ８月はほとんどすべての作業員が夏休みをとる月です。

⑨ このファイルはまだ更新されていない。

⑩ この作業はなんて単調に見えるのでしょう！

❶ Do you know the person who [that] developed this app?

❷ What were you doing while I was out on a business trip?

❸ What time do you open?
— We open at nine in the morning.

❹ It's impossible to go online right now.

❺ Does Taro in the accounting department teach bookkeeping to them?

❻ She always listens carefully to her boss explain.

❼ Mr. Sato in the sales department bought a car for his parents.

❽ August is the month when almost all workers take summer vacations.

❾ This file has not been updated yet.

❿ How monotonous this work looks!

① 彼は社内文書を上手に書くことができますか？

② 何か質問はありますか？

③ この会社は大きな工場を持っています。

④ 彼女は毎晩彼らにEメールします。

⑤ 私はちょうどその予算計画を提出したところです。

⑥ このスマホはあのスマホよりずっと小さい。

⑦ あなたは彼女と話しているその男性を知っていますか？

⑧ あなたはイライラしてはいけません。

⑨ 彼女は私の上司です。

⑩ あなたの会社の社長は毎朝、何時にそのオフィスに来るのですか？

TIPS

① can ② There are ～ ③ 一般動詞 ④ 人称代名詞 — 目的格 ⑤ 現在完了形 — 完了 ⑥ 比較級 — 形容詞er形 ⑦ 現在分詞による修飾 ⑧ must ⑨ 人称代名詞 — 所有格 ⑩ What time～?

① Can he write **m**emorandums well?

② Are there any questions?

③ This company has a large factory.

> emailは動詞としても使います。

④ She **e**mails them every evening.

> hand inとも言います。

⑤ I have just <u>submitted</u> the **b**udget **p**lan.

⑥ This **s**martphone is much smaller than that **s**martphone [that one].

⑦ Do you know the man talking with her?

⑧ You must not **g**et **a**nnoyed.

⑨ She is my **b**oss.

⑩ What time does your company's **p**resident come to the office every morning?

❷ 仮定法過去では、現在の事実とは違う状況を表現できます。

① 彼の声はその人たち全員が聞くのに十分音が大きいですか？

② もし私がこの問題を持っていなかったら、あなたと飲みに行けるのになあ。

③ 彼にとってすべての疑いを取り除くのは簡単ではない。

④ その男性は私たちの社長と同じくらい上手に私たちのゲストを楽しませた。

⑤ 彼はなんて早く彼の意図を伝えたのでしょう！

⑥ 私たちはその就業規則に従わなければならない。

⑦ あなたはこれらの品物を英語で何と呼ぶのですか？

⑧ あなたは彼女の手荷物を預けているあの女性が見えますか？

⑨ これらのインターンたちはアメリカ人ですか、それともカナダ人ですか？ ― カナダ人です。

⑩ このプリンターはあのプリンターと同じくらい経済的だ。

❶ Is his voice loud enough for all the people to hear?

❷ If I didn't have this problem, I could go for a drink
with you.

❸ It's not easy for him to remove all doubt.

❹ The man amused our guests
as well as our president did.

communicateも
使います。

❺ How quickly he conveyed his intention!

❻ We must follow the rules of employment.

❼ What do you call
these goods in English?

employerは「雇用主」、
employeeは「従業員」です。

❽ Can you see that woman
checking her baggage?

❾ Are these interns American or Canadian?
— They are Canadian.

❿ This printer is as economical
as that printer [that one].

15

TRACK ▶ 15

④ By whom was this copy machine broken? に言い換えることもできます。

---

① 私たちはその以前のシステムに戻らなければなりませんか？ ― はい、戻らなければなりません。

---

② 私の机の上に1枚の封筒があります。

---

③ 彼が現場で学んでいることはとても価値がある。

---

④ このコピー機は誰によって壊されたのですか？

---

⑤ 私は彼らと食事をしません。

---

⑥ 彼は先月、私たちのオフィスに配属された新卒者です。

---

⑦ もし彼女がこの会社をやめたら、私たちはそれらを取り扱うことができないだろうなあ。

---

⑧ あなたの腕時計では今、何時ですか？
― 10時20分です。

---

⑨ あの製品はこの製品と同じくらい役に立った。

---

⑩ あなたがたは何を観ているのですか？
― 私たちはバスケットボールの試合を観ています。

---

❶ Do we have to revert to the previous system?
— Yes, you do.

❷ There is an envelope
on my desk.

on site⇔off site
「現場外で」

❸ What he is learning
on site is very valuable.

copierとも
言います。

❹ Who [Whom] was this copy machine broken by?

❺ I won't have a meal
with them.

「食券」はmeal coupon
[ticket] などと言います。

❻ He is a new graduate
who [that] was assigned to our office last month.

❼ If she quit this company, we couldn't handle them.

❽ What time is it by your watch now?
— It's ten twenty.

❾ That product was as useful as this product
[this one].

❿ What are you watching?
— We're watching a basketball game.

16

TRACK ▶16

❽ didn't have to buy は、didn't need to buy に言い換えることもできます。

❶ その蛍光灯はどこに保管されていますか？

❷ その司会者は彼らを必要としていません。

❸ あれは先月発売された新しいノートパソコンですか？

❹ これがその取扱説明書に書かれていることです。

❺ 飛行機と車、どちらがより危険ですか？

❻ 私がその地方支社に異動するまでは、私はあなたを手伝うことができます。

❼ あのファイルは彼の報告書ですか？
  ― はい、そうです。

❽ 彼は電池を買う必要がありませんでした。

❾ 何も問題はありません。

❿ その机は重すぎて1人では運べない。

TIPS

❶ 受け身　❷ 人称代名詞 ― 目的格　❸ 関係代名詞 ― 主格（人以外）　❹ 先行詞を含む関係代名詞 what　❺ 比較級 ― 形容詞more形　❻ 副詞節を導く接続詞　❼ 人称代名詞 ― 所有格　❽ have to　❾ There are ～　❿ too～to…

❶ Where are the fluorescent lights stored?

❷ The moderator doesn't need them.

中立の立場で司会進行や調整をする時に使います。

❸ Is that a new laptop which [that] was released last month?

❹ This is what the instruction manual says.

❺ Which is more dangerous, an airplane or a car?

❻ Until I transfer to the local branch, I can help you.

❼ Is that file his report?
— Yes, it is.

❽ He didn't have to buy batteries.

❾ There aren't any problems.

❿ The desk is too heavy for one person to carry.

17

❹ apologizeは自動詞のため、目的語の前に前置詞を置きます。to＋人、for＋理由です。

TRACK ▶17

❶ 私たちはすでにその新しいメンバーの机を準備しました。

❷ 彼女は広報担当者です。

❸ 私たちの作業は以前よりゆっくり進行した。

❹ 私は彼女に謝罪するために彼女の家を訪問した。

❺ 先月解雇されたその女性は実際には優秀だった。

❻ 彼は今日その請求書を支払わなければなりませんか？
― いいえ、必要はありません。

❼ 私たちにとってあの会社と合併することは重要です。

❽ あなたは東京行きの切符を持っていますか？

❾ 彼は、そのコメントがいつも物議をかもす有名人だ。

❿ 彼女はさまざまな困難に打ち勝つことができるでしょう。

❶ 現在完了形 ─ 完了　❷ 人称代名詞 ─ 主格　❸ 比較級 ─ 副詞　❹ to不定詞 ─ 副詞的用法（目的）　❺ 過去分詞による修飾　❻ have to　❼ 形式主語 it　❽ 一般動詞　❾ 関係代名詞 ─ 所有格　❿ be able to

❶ We have already **prepared** the new member's desk.

❷ She is a **spokesperson**.

❸ Our work **progressed** more slowly than before.

❹ I visited her house to **apologize to** her.

*lay off*は業績悪化などで一時的に解雇することです。

❺ The woman <u>laid off</u> last month was actually **excellent**.

❻ Does he have to pay the **bill** today? — No, he doesn't.

❼ It's important for us to **merge with** that company.

❽ Do you have a **ticket** for Tokyo?

名詞*controversy*は「論争」の意味です。

❾ He is a **celebrity** whose comments are always <u>controversial</u>.

❿ She will be able to **overcome** various **hardships**.

18

TRACK ▶ 18

⑥ 現実に起こり得る場合、wereの代わりにwasを使うこともあります。

---

① 彼女によって提案された次のトピックに移りましょう。

---

② 私たちはその従業員研修に参加する前に、その資料を読み終えなければならない。

---

③ 私は何をすべきかわからない。

---

④ あれらの女性たちは彼のお客さんです。

---

⑤ この機械はあの機械と同じくらい効率よく作動します。

---

⑥ もし私がそのマネージャーだったら、何をすべきかをすぐに決定できないだろうなあ。

---

⑦ あれは誰の年間売上高報告書ですか？
― 彼女のです。

---

⑧ その新しい価格表はどこにありますか？
― 彼の机の上にあります。

---

⑨ 何が彼女を困惑させたのかしら。

---

⑩ すべての従業員はあなたを尊敬します。

TIPS

❶ 過去分詞による修飾 ❷ 副詞節を導く接続詞 ❸ 疑問詞＋to不定詞 ❹ 人称代名詞 — 所有格 ❺ 原級比較 ❻ 仮定法過去 ❼ whose ❽ where ❾ 間接疑問文 ❿ 人称代名詞 — 目的格

❶ Let's move on to the next topic proposed by her.

❷ Before we attend the employee training, we have to finish reading the <u>material</u>.

「材料」という意味もあります。

❸ I don't know what to do.

❹ Those women are his customers.

❺ This machine works as efficiently as that machine [that one].

❻ If I were the manager, I couldn't decide what to do right away.

❼ Whose annual sales report is that?
— It's hers.

❽ Where is the new price list?
— It is on his desk.

名詞confusionは「混乱、困惑、混同」の意味です。

❾ I wonder what <u>confused</u> her.

❿ Every employee respects you.

❹ look forward to の後は、名詞や動名詞が続きます。

---

❶ 彼女は人の名前を覚えるのが得意です。

---

❷ この動画はどのくらい長いのですか？
— 10分くらいです。

---

❸ 彼はそれを前倒しですることができた。

---

❹ 彼らはその近づきつつある遠足を楽しみにしています。

---

❺ もっとゆっくり話してください。

---

❻ 私はあさって、そのセミナーに参加するでしょう。

---

❼ 彼女の話はなんて面白かったのでしょう！

---

❽ 彼は1時間、電話で誰かと話している。

---

❾ 彼女はその製品見本を持っていますか？

---

❿ 彼女は今、何を待っているのですか？
— その大切な契約書が入っているその郵便物です。

---

❶ She is good at remembering people's names.

❷ How long is this video?
— It's about 10 minutes.

ahead of schedule ⇔ behind schedule「後ろ倒しで」

❸ He was able to do it <u>ahead of schedule</u>.

❹ They are looking forward to the upcoming excursion.

❺ Please speak more slowly.

join とも言います。

❻ I will <u>participate in</u> the seminar the day after tomorrow.

❼ How interesting her story was!

❽ He has been talking with someone on the phone for an hour.

❾ Does she have the product sample?

❿ What is she waiting for now? — She is waiting for the mail containing the important contract.

20

TRACK ▶ 20

❼ 仮定法過去完了では、過去の事実とは違う状況を表現できます。

---

① 今日、残業してもらえますか？
— すみません、できません。

---

② 彼女は時々、彼と食事をしますか？

---

③ 私たちが会う予定の男性は英語の著名な学者だ。

---

④ ご機嫌いかがですか？
— 元気です。

---

⑤ このタブレット端末はあなたのマネージャーのものですか？

---

⑥ これは他のどの記事よりも簡潔です。

---

⑦ もし私が、私の仕事を変えていたら、このような良い経験を持てなかっただろうなあ。

---

⑧ まだいくつかするべき作業があるが、彼は家に帰ってしまった。

---

⑨ 私は４年間、中国語を勉強している。

---

⑩ あなたが彼と昼食会議をした日を私に教えてくれますか？

TIPS

❶ will ― 依頼　❷ 人称代名詞 ― 目的格　❸ 関係代名詞 ― 目的格　❹ how
❺ 人称代名詞 ― 独立所有格　❻ 比較級 ― 形容詞er形　❼ 仮定法過去完了
❽ 副詞節を導く接続詞　❾ 現在完了進行形　❿ 関係副詞 when

❶ Will you please work overtime today?
— I'm sorry, but I can't.

❷ Does she sometimes have a meal with him?

❸ The man (whom / that) we are going to meet is
a notable scholar of English.

❹ How are you?
— I'm good.

❺ Is this tablet computer your manager's?

❻ This is briefer than any other article.

❼ If I had changed my job, I couldn't have had a good
experience like this.

❽ Although there is still some work to do, he has gone
back home.

❾ I have been studying Chinese for four years.

❿ Will you please tell me the day when
you had a lunchtime meeting with him?

⑩ will（この例文ではwill not）は単純未来ではなく、意志未来の用法です。

① あれらは英語の雑誌ですか？
— いいえ、違います。

② どちらの意見も素晴らしいので、私たちはどちらを採用するべきか選べない。

③ 私たちはまだその打合せを手配していません。

④ もし私が編集者だったら、今すぐその著者に提案するのになあ。

⑤ 何が一番はやい方法ですか？

⑥ あれは誰の業績ですか？

⑦ 私は、私が前の会社で会ったその女性に影響された。

⑧ 彼女はその昇進のニュースを聞いて嬉しいでしょう。

⑨ 外は風が強いです。

⑩ 今日、私は彼女を助けないよ。

■ TIPS ■

❶ those ❷ 疑問詞＋to不定詞 ❸ 現在完了形 — 完了 ❹ 仮定法過去 ❺
最上級 — 疑問詞の文 ❻ whose ❼ 関係代名詞 — 目的格 ❽ to不定詞 —
副詞的用法（感情の原因） ❾ 主語 it ❿ will — 意志未来

❶ Are those English magazines?
— No, they aren't.

❷ As both opinions are great, we can't choose which
one to adopt.

❸ We haven't arranged the meeting yet.

❹ If I were an editor, I would make an offer to
the author right now.

❺ What is the fastest way?

❻ Whose accomplishment is that?

❼ I was influenced by the woman (whom / that)
I met at my previous company.

❽ She will be happy to hear the news of
the promotion.

❾ It's windy outside.

❿ I won't help her today.

① 例文のsurprisingを surprisedにしないようにしましょう。

① 昨日発表されたそのニュースは驚くべきものだった。

② 正直さがすべてのうちで最も大切です。

③ 私はその昼食会議の結果を知ってとても満足した。

④ 彼らは人手不足だったので、一生懸命働かなければならなかった。

⑤ 私にどちらのパソコンを買うべきか教えてもらえますか？

⑥ その提案書を提出してもらえますか？
― もちろんです。

⑦ 彼が到着したら、すぐに私に電話するよう彼に言ってください。

⑧ これが、あなたがここでしたいことなの？

⑨ あなたはそれを検討しているところでしたか？

⑩ あなたはこの事業部で何をすることができますか？

❶ 過去分詞による修飾　❷ 最上級 ─ 形容詞most形　❸ to不定詞 ─ 副詞的用法（感情の原因）　❹ 副詞節を導く接続詞　❺ 疑問詞＋to不定詞　❻ will ─ 依頼　❼ when節　❽ 先行詞を含む関係代名詞 what　❾ 過去進行形　❿ can

---

❶ The news announced yesterday was surprising.

---

❷ Honesty is the most important of all.

---

❸ I was very satisfied to know the results of the lunchtime meeting.

---

❹ They had to work very hard because they were shorthanded.

shortstaffedとも言います。

---

❺ Will you please tell me which PC to buy?

---

❻ Will you please submit the proposal? — Sure.

---

❼ Please tell him to call me immediately when he arrives.

---

❽ Is this what you want to do here?

---

❾ Were you considering it?

---

❿ What can you do in this division?

23

❺ Yes / Noではなく、理由を尋ねる文です。疑問詞whyを文頭に置きます。

❶ これは誰のコピー機ですか？
― 私たちのです。

❷ あなたはプランナーですか？

❸ ゴルフをするのはとても楽しい。

❹ この部屋の天井はあの家具を設置するのに十分高い。

❺ あなたはなぜ彼が弁護士として有能だと信じているのですか？

❻ これらは何ですか？
― 調理器具です。

❼ 私は二度、その旅行代理店を訪れたことがある。

❽ 私はその新しいノートパソコンを手に入れるぞ。

❾ トムはその悪いニュースを聞いて衝撃を受けるだろう。

❿ その機器はいくらですか？
― 10万円です。

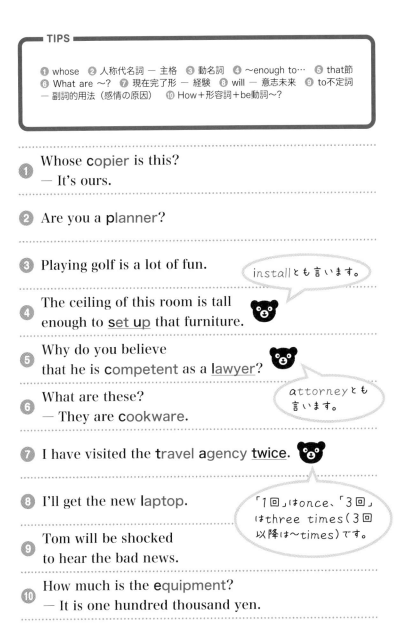

TIPS

① whose　② 人称代名詞 ― 主格　③ 動名詞　④ ～enough to…　⑤ that節
⑥ What are ～?　⑦ 現在完了形 ― 経験　⑧ will ― 意志未来　⑨ to不定詞
― 副詞的用法（感情の原因）　⑩ How＋形容詞＋be動詞～?

① Whose copier is this?
　― It's ours.

② Are you a planner?

③ Playing golf is a lot of fun.

installとも言います。

④ The ceiling of this room is tall enough to set up that furniture.

⑤ Why do you believe that he is competent as a lawyer?

attorneyとも言います。

⑥ What are these?
　― They are cookware.

⑦ I have visited the travel agency twice.

⑧ I'll get the new laptop.

⑨ Tom will be shocked to hear the bad news.

「1回」はonce、「3回」はthree times（3回以降は～times）です。

⑩ How much is the equipment?
　― It is one hundred thousand yen.

57

24

TRACK ▶ 24

❺ 対面やメールで、最後の締めによく使う表現です。

❶ 赤で強調された単語は特に大切です。

❷ これらのLED電球は私たちのものです。

❸ その仕事の申し出は彼によって断られました。

❹ あの台所用電化製品は役に立ちますか？
― いいえ、役に立ちません。

❺ 私は再びあなたに会うことを楽しみにしています。

❻ あなたの出張をキャンセルしてもらえますか？
― かしこまりました。

❼ その最終原稿を確認しましょう。

❽ この申請を処理してはいけません。

❾ あなたがたは統計学を学ぶための講義を持っていますか？

❿ 私は毎日彼に電話します。

❶ 過去分詞による修飾　❷ 人称代名詞 ― 独立所有格　❸ 受け身　❹ that
❺ 動名詞　❻ will ― 依頼　❼ Let's〜　❽ 命令形　❾ to不定詞 ― 形容詞的
用法　❿ 人称代名詞 ― 目的格

❶ The words highlighted in red are especially important.

❷ These LED bulbs are ours.

turn downとも
言います。

❸ The job offer was declined by him.

❹ Is that kitchen appliance useful?
— No, it's not.

❺ I'm looking forward to seeing you again.

❻ Will you please cancel your business trip?
— Certainly.

❼ Let's check the final draft.

省略されると
statsになります。

❽ Don't process this application.

❾ Do you have a lecture to learn statistics?

❿ I make a phone call to him every day.

25

① 例文のSVO＋not＋to 不定詞で「～しないように」という意味になります。

❶ 彼らは私たちに、彼が帰って来るまでそのオフィスを出ないよう言った。

❷ 彼女は彼にいくつかの良い助言を与えた。

❸ そのクライアントはどのくらい情報が必要なのですか？

❹ そのコンサルタントはその聴衆に1枚のスライドを見せた。

❺ 彼女は緊張しすぎて彼女のプレゼンを続けることができなかった。

❻ こちらのものとあちらのもの、どちらの販売促進策がより効果的ですか？

❼ 彼らは彼女を説得し始めた。

❽ 私たちの目標は私たちのノルマを達成することです。

❾ 役員会はいつ海外に進出するべきかわからなかった。

❿ あの提案書は誰のですか？

① They told us not to leave the office until he came back.

② She gave him some good advice.

adviceは不可算名詞です。

③ How much information does the client need?

④ The consultant showed a slide to the audience.

⑤ She was too nervous to continue her presentation.

⑥ Which promotion measure is more effective, this one or that one?

⑦ They began to persuade her.

英語ではノルマの意味でquota「分担量、割当量」を使います。

⑧ Our goal is achieving our quota.

⑨ The board of directors didn't know when to advance overseas.

⑩ Whose is that proposal?

boardだけでも「役員会」の意味になります。

Unit
26 – 50

That is the best-selling tablet computer.

❼ 自己紹介の際によく使う表現です。

❶ 彼女はとても助けになるので、みんなが彼女を頼る。

❷ そのミスがなかったら、私は降格しなかっただろうなあ。

❸ そのインターンはおととい働き始めた。

❹ 彼女は私たちがその会社を買収することを知っていましたか？

❺ このカタログの中には選択肢がいくつありますか？
― 20の選択肢があります。

❻ あれが一番売れているタブレット端末です。

❼ 私に自己紹介させてください。

❽ 今日は日曜日です。

❾ 彼女は彼より効率よくお客さんの注文を処理することができる。

❿ 彼らは誰を探していましたか？
― 彼らはビルを探していました。

❶ She is so helpful
that **everyone** relies on her.

> everybodyは、
> よりくだけた表現です。

❷ But for the mistake,
I wouldn't have gotten <u>demoted</u>.

❸ The **intern** began
to work the day before yesterday.

> demote⇔promote
> 「昇進する」

❹ Did she know that we would **buy** the company?

❺ How many **options** are there in this **catalog**?
— There are 20 **options**.

❻ That is the **best-selling tablet computer**.

❼ Let me introduce myself.

❽ It is Sunday today.

❾ She can **process customer orders** more **efficiently**
than he can.

❿ Who [Whom] were they looking for?
— They were looking for Bill.

❶ 片方の靴＝shoe、一足の靴＝shoesのため、例文では「この靴」＝these shoesにしています。

❶ この靴が私たちの店の中で一番軽いです。

❷ 私はその予約をキャンセルしました。

❸ 私たちはどのやり方を採用するのか決めなければならない。

❹ その式典に遅れないでください。

❺ あなたは毎日、何時にあなたのオフィスを出るのですか？
  ― 夕方６時に私のオフィスを出ます。

❻ その注文を追跡しましょう。

❼ 彼女はその電車に遅れないように急いで彼女のオフィスを出た。

❽ その受付係はいつその扉に鍵をかけますか？

❾ この議題はあなたがたのものですか？

❿ あなたの提案書は拒否されるでしょう。

❶ These shoes are the lightest in our shop.

❷ I canceled the <u>reservation</u>.　bookingも使います。

❸ We have to decide which way to adopt.

❹ Please don't be late for the ceremony.

❺ What time do you leave your office every day?
— I leave my office at six o'clock in the evening.

❻ Let's track the order.　in order not to も使います。

❼ She left her office in a hurry <u>so as not to</u>
be late for the train.

❽ When does the receptionist
lock the door?　「（隠れた）意図」という意味もあります。

❾ Is this <u>agenda</u> yours?

❿ Your proposal will be rejected.

❶ Maybe, yes.のように、Yes / Noで始まらない応答文もあります。

---

❶ 彼は、彼の病気から回復することができますか？
― たぶん、できます。

---

❷ 私は彼にいくつかのEメールを送った。

---

❸ 彼らは1棟の新しい施設を建てるためにこの土地を買った。

---

❹ 彼はどこでファイナンスを教えていますか？

---

❺ この見積もりが4つのうちで一番安い。

---

❻ あれは何ですか？
― カメラの付属品です。

---

❼ あの女性は誰ですか？
― 彼の監督者です。

---

❽ この問題は難しすぎて解決することができなかった。

---

❾ あなたとあなたの上司は何時にその内部監査報告書を受け取りましたか？ ― 10時に受け取りました。

---

❿ なぜ私たちにとってその製品の価格を下げることが必要なのですか？

---

❶ be able to　❷ SVOO　❸ to不定詞 ― 副詞的用法（目的）　❹ where
❺ 最上級 ― 形容詞est形　❻ What is ～?　❼ Who is ～?　❽ too～to…
❾ What time～?　❿ 形式主語 it

❶ Is he able to recover from his illness?
― Maybe yes.

❷ I sent him some emails.

❸ They bought this land to build a new facility.

❹ Where does he teach finance? *quoteとも言います。*

❺ This estimate is the cheapest of the four. 🐻

❻ What is that?
― It's a camera accessory.

❼ Who is that woman?
― She is his supervisor.

❽ This problem was too difficult to solve.

❾ What time did you and your boss receive the internal audit report? ― We received it at ten.

❿ Why is it necessary for us to reduce the price of the product? 🐻
lowerも使います。

29

TRACK ▶ 29

❶「悲しくなる」はget sad、「悲しい」はbe sadを使います。

❶ 私は、その交通事故を見た時、とても悲しくなった。

❷ あなたのプレゼンはどのくらい長いのですか？
― 15分くらいです。

❸ 彼らはいつその講堂に行きますか？

❹ ここから私たちの会社までは約2キロメートルです。

❺ 彼が再び私に会いに来た時間を知っていますか？

❻ 彼らは誰ですか？
― 彼らはレジ係です。

❼ あなたはその販売員を知っていますか？

❽ 彼女は今までに役員会に向けてプレゼンをしたことがありますか？

❾ 私たちはその荷物を明日発送するでしょう。

❿ 彼女はこの事業部で一番難しいタスクをやり遂げた。

❶ I got very sad when I saw the **t**raffic **a**ccident.

❷ How long is your **p**resentation?
— It is about 15 minutes.

❸ When do they go to the **a**uditorium?

❹ It's about 2 kilometers from here to our company.

❺ Do you know the time when he came to see me again?

❻ Who are they?
— They are **c**ashiers.

❼ Do you know the **s**ales **s**taff?

❽ Has she ever **m**ade a **p**resentation to the **b**oard **o**f **d**irectors?

❾ We will **s**hip the **p**ackage tomorrow.

❿ She **a**ccomplished the most difficult **t**ask in this **d**ivision.

❽ 比較級の前についた muchは「ずっと」の意味になります。

TRACK ▶ 30

---

① 彼女はまだその新しい部署に異動していません。

---

② もし彼が明日までにその作業を終えることができなければ、私がそれをします。

---

③ 誰があなたを待っていたのですか？

---

④ この半袖のシャツはいくらですか？

---

⑤ 私にとってその**イベント**を**主催する**のは難しい。

---

⑥ これは私たちの**目標**です。

---

⑦ 私の上司は、その**組み立てライン**は一日中対応可能だと思っていた。

---

⑧ あの国の文化は日本の文化よりずっと多様性がある。

---

⑨ 私たちは**共有するべき**いくつかの情報を持っている。

---

⑩ これはなんて良いパーティーなのでしょう！

■ TIPS ■

❶ 現在完了形 — 完了　❷ 副詞節を導く接続詞　❸ 過去進行形　❹ How＋形容詞＋be動詞〜?　❺ 形式主語 it　❻ 人称代名詞 — 所有格　❼ that節　❽ 比較級 — 形容詞more形　❾ to不定詞 — 形容詞的用法　❿ 感嘆文

❶ She hasn't transferred to the new department yet.

❷ If he can't finish the work by tomorrow, I will do it.

❸ Who was waiting for you?

❹ How much is this short-sleeved shirt?

❺ It's difficult for me to organize the event.

❻ This is our goal.

主語が人でも物でも
使えます。

❼ My boss thought that
the assembly line was available all day.

❽ The culture of that country is much more diverse
than the culture of Japan.

❾ We have some information to share.

❿ What a good party this is!

❾「物が売れる」は日本語同様、物＋sellの語順になります。

❶ 何がこの作家を有名にしたのですか？

❷ この書式にあなたの名前を書いてください。

❸ 情報システム部は1週間その問題を解決しようと努めている。

❹ あなたの兄はあなたよりやせていますか？

❺ あなたに会いたがっている専門家が数人います。

❻ この作業はあの作業より簡単に見えます。

❼ 私はこの機械を操作する方法がわからなかった。

❽ どちらのアプリがより良い品質を持っていますか？

❾ この乳製品はこれら5つの中で最も良く売れるだろう。

❿ 彼女はまだ正式には採用されていない。

❶ What made this writer famous?

❷ Write your name on this form, please.

❸ The information system department has been trying to solve the problem for a week.

❹ Is your brother thinner than you?

❺ There are some experts who [that] want to meet you.

❻ This work looks easier than that work.

❼ I didn't know how to operate this machine.

❽ Which app has better quality?

❾ This dairy product will sell the best of these five.

❿ She hasn't been officially recruited yet.

❷ Yes / No で答えられない疑問文のため、what convenience store は文頭に置きます。

---

① 彼は彼女を尊敬しますか？

---

② あなたはどんなコンビニエンスストアが一番理想的だと思いますか？

---

③ 彼はこの報告書を金曜日までに提出することができますか？

---

④ あなたは彼にその方針を知らせなければならない。

---

⑤ その天井はどのくらい高いのですか？

---

⑥ この打合せルームはあなたの会社の中で一番小さいですか？

---

⑦ 私はあなたの助けを求めてもいいですか？

---

⑧ その機械は安くなかったが、私はそれを買うことに決めた。

---

⑨ 彼女の顔が赤くなった。

---

⑩ この車はあの車より経済的です。

TIPS

❶ 人称代名詞 ─ 目的格 ❷ 最上級 ─ 疑問詞の文 ❸ can ❹ have to ❺
How＋形容詞＋be動詞〜? ❻ 最上級 ─ 形容詞est形 ❼ may ❽ 副詞節を
導く接続詞 ❾ SVC ─ 一般動詞 ❿ 比較級 ─ 形容詞more形

❶ Does he **r**espect her?

❷ What **c**onvenience **s**tore do you think is the most **i**deal?

❸ Can he **s**ubmit this **r**eport by Friday?

❹ You have to <u>notify</u> him <u>of</u> the **p**olicy.

*inform＋人＋of*も
使います。

❺ How high is the ceiling?

❻ Is this **m**eeting **r**oom the smallest in your company?

❼ May I ask for your help?

❽ Although the machine was not cheap, I decided to buy it.

❾ Her face turned red.

❿ This car is more **e**conomical than that car [that one].

33

TRACK ▶ 33

❶ 無生物主語＋make＋目的語（O）＋補語（C）で「〜の状態にする」という意味になる場合があります。

---

❶ その演説で彼は眠くなった。

---

❷ 私がその構造を分析するよ。

---

❸ あなたは今までに評判が良いあのテレビCMを見たことがありますか？

---

❹ あなたは尋ねるべきいくつかの質問がありますか？

---

❺ このモデルとあなたが持っているそのモデル、どちらがより軽いですか？

---

❻ 私たちはその弁護士にこの契約書を確認して欲しかった。

---

❼ どちらの学習参考書がこの書店で一番人気ですか？

---

❽ 私たちは彼がまもなく昇進することを知っていた。

---

❾ その営業チームは今朝からずっと飛び込み営業をしている。

---

❿ 彼女はあなたがいつ彼に謝罪したのか知りたがっている。

TIPS

❶ SVOC ❷ will ─ 意志未来 ❸ 関係代名詞 ─ 主格（人以外） ❹ to不定詞 ─ 形容詞的用法 ❺ 比較級 ─ 疑問詞の文 ❻ SVO＋to不定詞 ❼ 最上級 ─ 疑問詞の文 ❽ that節 ❾ 現在完了進行形 ❿ 間接疑問文

❶ The speech made him sleepy.

❷ I'll analyze the structure.

❸ Have you ever watched that TV commercial which [that] is well reputed?

❹ Do you have any questions to ask?

❺ Which is lighter, this model or the model you have?

❻ We wanted the lawyer to confirm this contract.

❼ Which study-aid book is the most popular in this bookstore?

popular⇔unpopular
「不人気の」

❽ We knew that he would get promoted soon.

❾ The sales team has been doing walk-in sales since this morning.

❿ She wants to know when you apologized to him.

❽ I wonder [was wondering] if you could ～で「～してもらえますか」という意味にもなります。

① 潜在顧客たちを特定しましょう。

② 彼女たちがしようとしていることは実現可能だ。

③ 私たちは、私たちがあなたにおかけしたそのご不便をおわびします。

④ これらの事務用品はとても安い。

⑤ 彼は忙しすぎて彼女をアシストできない。

⑥ 私にあなたの社員番号を教えてください。

⑦ 私がその営業所を訪問するよ。

⑧ 彼は、彼が私と最初に会った日を覚えているかしら。

⑨ 私は彼らに残業しないように言いました。

⑩ 私はとても忙しかったので、その予算を作成し終えることができなかった。

❶ Let's identify potential customers.

❷ What they are trying to do is feasible.

❸ We apologize for the inconvenience (which / that) we caused you.

❹ These office supplies are very cheap.

❺ He is too busy to assist her.

❻ Please tell me your employee number.

❼ I'll visit the business office.

*meet me for the first time*とも言います。

❽ I wonder if he remembers the day when he <u>first met me</u>.

❾ I told them not to work overtime.

❿ As I was very busy, I couldn't finish drawing up the budget.

⑤ 例文のthere is a possibility of＋名詞またはthat節で、「〜の可能性がある」の意味になります。

❶ 私は以前その会社との契約書にサインしたことがある。

❷ あの作業はあまり大切でない。

❸ 彼女たちが昼食を食べていた時、その地震が起こった。

❹ 自転車で通勤することが最も経済的です。

❺ 私たちは粉飾決算の可能性があった、その子会社を訪れた。

❻ 彼女たちは銀行員ですか？
— いいえ、違います。

❼ あなたの両親はおいくつですか？

❽ 彼女の仕事はプログラミングを教えることですか？

❾ 彼は明日までに私に連絡しますか？
— 私は、彼はしないと思います。

❿ 誰が先週交換されたその商品を受け取ったのですか？

❶ 現在完了形 — 経験 ❷ that ❸ when節 ❹ 最上級 — 形容詞most形 ❺ 関係副詞 where ❻ 人称代名詞 — 主格 ❼ How＋形容詞＋be動詞～? ❽ 動名詞 ❾ will — 単純未来 ❿ 過去分詞による修飾

❶ I have signed a contract with the company before.

❷ That work is not very important.

❸ The earthquake occurred when they were having lunch.

❹ Commuting by bicycle is the most economical.

❺ We visited the subsidiary company where there was a possibility of window dressing.

❻ Are they bankers?
— No, they aren't.

❼ How old are your parents?

❽ Is her job teaching programming?

❾ Will he contact me by tomorrow?
— I think he will not.

❿ Who received the item replaced last week?

36

TRACK ▶ 36

8 getは説得して、have
は当然お願いできるものと
して「〜してもらう」という
意味になります。

1 あれはなんて悪い選択だったのでしょう！

2 パリは今何時ですか？

3 私たちは、私たちがしてきたその進捗についてお話ししたいです。

4 あなたはその公共料金を支払わなければならない。

5 彼は私よりずっと自己中心的です。

6 これらのコピー機はどのくらい古いのですか？
　　―３年くらいです。

7 もしあなたが昇進したいのなら、もっと一生懸命働いて勉強する必要がある。

8 彼はその販売員にその価格を下げてもらった。

9 あの売上報告書はあなたのものですか？

10 彼女の夢はその世界記録を破ることでした。

❶ What a bad choice that was!

❷ What time is it in Paris now?

❸ We want to talk about the progress (which / that) we have made.

❹ You must pay the utility bill.

❺ He is much more selfish than me.

❻ How old are these copy machines?
— They are about 3 years old.

❼ If you want to get promoted, you have to work and study harder.

❽ He got the sales staff to reduce the price.

❾ Is that sales report yours?

❿ Her dream was to break the world record.

❽ 例文のsurprisedを surprisingにしないように しましょう。

❶ その深刻な不景気は多くの人々にストレスを感じさせた。

❷ 彼らは歴史家です。

❸ 彼はその打合せで一番ゆっくりと話した。

❹ 私がそれを掃除し終えるまで、その部屋には入らないでください。

❺ 彼女はなぜ彼にその書類を提供しなければならなかったのですか?

❻ 私は彼がその打合せルームに入るのを見ました。

❼ 彼女は、私たちが会うことを楽しみにしている小説家です。

❽ 今月の売り上げは彼らを驚かせた。

❾ 私たちの部署の売り上げは昨年からずっと好調です。

❿ 彼女は電車でそのオフィスに行きますか?
― いいえ、行きません。

TIPS

❶ 使役動詞＋目的語＋原形不定詞　❷ 人称代名詞 — 主格　❸ 最上級 — 副詞
❹ 副詞節を導く接続詞　❺ have to　❻ 知覚動詞＋目的語＋原形不定詞　❼
関係代名詞 — 目的格　❽ SVOC　❾ 現在完了形 — 継続　❿ 一般動詞

❶ The severe recession made
a lot of people feel stressed.

より深刻になると
depression「恐慌、
不況」になります。

❷ They are historians.

❸ He spoke the most slowly in the meeting.

❹ Please don't enter the room until I finish cleaning it.

❺ Why did she have to provide the document to him?

❻ I saw him enter the meeting room.

❼ She is the novelist (whom / that) we are looking
forward to meeting.

❽ The sales for this month made them surprised.

❾ The sales for our department have been strong
since last year.

❿ Does she go to the office by train?
— No, she doesn't.

87

38

TRACK ▶ 38

❸ letは「したいことをさせてあげる」「したいことを許可する」という場合に使います。

---

❶ この作家はまだ世に知られていない。

---

❷ 外で作業することをやめるのに十分に暗い。

---

❸ その営業部長は私たちにお客さんたちへのプレゼントを選ばせてくれた。

---

❹ 向こうで休憩しているあの作業員が見えますか？

---

❺ 彼女はインフルエンザにかかっているので、1週間仕事を休んでいます。

---

❻ 今日は金曜日ですか？

---

❼ あなたの書類はなんてわかりやすいのでしょう！

---

❽ 私たちの会社は過去3年間、赤字を報告しています。

---

❾ あなたはあなたのクライアントとアポをとっているところですか？

---

❿ 否定的な感情をコントロールすることは大切です。

---

❶ 受け身　❷ 〜enough to…　❸ 使役動詞＋目的語＋原形不定詞　❹ 現在分詞による修飾　❺ 副詞節を導く接続詞　❻ 主語 it　❼ 感嘆文　❽ 現在完了形 ― 継続　❾ 現在進行形　❿ to不定詞 ― 名詞的用法

❶ This **writer** hasn't been known to the world yet.

❷ It's dark enough to stop working outside.

❸ The **sales manager** let us choose presents for **customers**.

❹ Can you see that worker **taking** a **break** over there?

haveよりtakeが 使われます。

❺ As she has the flu, she has been away from work for a week.

❻ Is it Friday today?

❼ How understandable your **document** is!

❽ Our company has reported <u>deficits</u> for the past three years.

❾ Are you **making an appointment** with your **client**?

deficit⇔surplus 「黒字」

❿ To **control negative** emotions is important.

❶ 例文は I didn't realize that she had left〜に言い換えることもできます。

❶ 私は彼女がそのオフィスを出たのに気づかなかった。

❷ その患者は1時間前に何をしていましたか？

❸ 私はそのソフトがどのくらい便利であるのか知りません。

❹ 私はその会社に代替品を送るよう頼んだ。

❺ 彼女は海外留学するために貯金している。

❻ この問題はあの問題より大変そうに聞こえた。

❼ 私たちはその会社によって輸入されたあれらの部品を必要としている。

❽ 私はこの機械を修理することができます。

❾ 私があなたの荷物をまとめましょうか？
― はい、お願いします。

❿ どのエリアがあなたの街で最も人気ですか？

❶ 知覚動詞＋目的語＋原形不定詞　❷ 過去進行形　❸ 間接疑問文　❹ SVO＋to不定詞　❺ to不定詞 ― 副詞的用法（目的）　❻ 比較級 ― 形容詞er形　❼ 過去分詞による修飾　❽ can　❾ shall ― 申し出、誘い　❿ 最上級 ― 形容詞most形

❶ I didn't notice her leave the office.

❷ What was the patient doing an hour ago?

❸ I don't know how convenient the software is.

❹ I asked the company to send a replacement.

❺ She is saving money to study abroad.

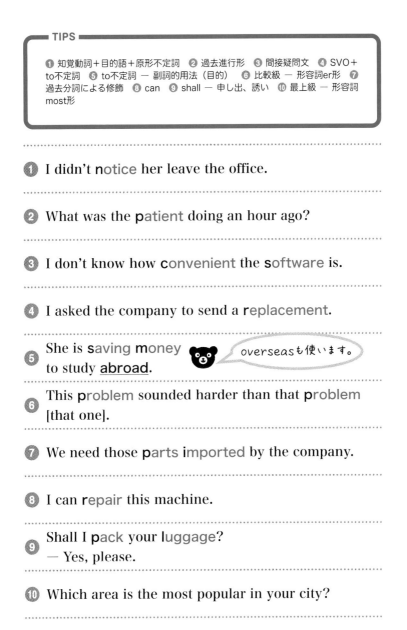

overseasも使います。

❻ This problem sounded harder than that problem [that one].

❼ We need those parts imported by the company.

❽ I can repair this machine.

❾ Shall I pack your luggage?
― Yes, please.

❿ Which area is the most popular in your city?

④ 「わかりません」は I don't know. 以外に、例文の I'm not sure. もよく使います。

① 彼女は、彼女の隣人にその庭の植物に水をあげてもらった。

② その議事録を配布しましょう。

③ この店の中は涼しいですか？

④ そのグループは何時にここに到着する予定ですか？
― わかりません。

⑤ どの動物がその動物園の中で一番頭がいいですか？

⑥ 彼がけがをした時、あなたはどこにいましたか？

⑦ 彼の話は真実のように聞こえる。

⑧ この製品はなんて人気なのでしょう！

⑨ あれが、あなたが働くビルですか？

⑩ 私たちは、兄が公認会計士である女性に会った。

❶ She got her neighbor to **water** the plants in the garden.

❷ Let's **distribute** the **minutes**.

❸ Is it cool in this shop?

❹ What time is the group going to arrive here?
— I'm not sure.

❺ Which animal is the most <u>intelligent</u> in the zoo?

❻ Where were you when he **got injured**?

「知能が高い、知性のある」の意味で使います。

❼ His story sounds true.

❽ How popular this **product** is!

❾ Is that the building where you work?

certified public accountantの省略形です。

❿ We met a woman whose brother is a <u>CPA</u>.

⑥ 日本文は「どちらが」ですが、人について尋ねているので疑問詞主語whoを使います。

---

① あれは何ですか？
― リュックサックです。

---

② 私はとても忙しかったので、私はその残っている作業を完了することができなかった。

---

③ そのコンサルタントは何について話すつもりなの？

---

④ そのバス停はここからどのくらい遠いですか？

---

⑤ みなさん、今日は元気ですか？

---

⑥ 彼と彼女、どちらがより柔軟ですか？

---

⑦ 彼女は、売り上げが一番大きかったその男性をほめた。

---

⑧ あれは世界で最も有名な作品の１つです。

---

⑨ 文書をそのシュレッダーにかけているあの女性は誰ですか？

---

⑩ 彼女の職業は何ですか？
― 司書です。

TIPS

❶ What is ～? ❷ so～that… ❸ be going to ❹ How＋形容詞＋be動詞 ～? ❺ how ❻ 比較級 ― 疑問詞の文 ❼ 関係代名詞 ― 所有格 ❽ 最上級 ― 形容詞most形 ❾ 現在分詞による修飾 ❿ What is ～?

❶ What is that?
― It's a backpack.

リュックサックを背負って旅する人を backpackerと言います。

❷ I was so busy that I couldn't complete the remaining work.

rest of the workと も言います。

❸ What is the consultant going to talk about?

❹ How far is the bus stop from here?

❺ How is everyone today?

❻ Who is more flexible, he or she?

❼ She praised the man whose sales were the largest.

❽ That is one of the most famous works in the world.

動詞shredは 「細かく切る」の意味です。

❾ Who is that woman putting papers through the shredder?

❿ What is her occupation?
― Librarian.

95

42

TRACK ▶ 42

❽ 例文はThis textbook is cheap, so children can buy it.に言い換えることもできます。

❶ この破損した商品を見てください。

❷ 私たちのものとあなたがたのもの、どちらがより低価格の製品ですか？

❸ この国が輸出する農作物は信頼でき、そして安全です。

❹ その費用を最小化することが必要です。

❺ そのコンサルタントは私たちを助けますか？

❻ この土地はあの土地と同じくらい肥沃(ひよく)になった。

❼ あの棚にたくさんのクリアファイルがあります。

❽ このテキストは子供たちが買うのに十分に安い。

❾ あれは、あなたがよく昼食を食べるお気に入りの食堂ですか？

❿ 私は寝坊したが、その交渉に間に合った。

96

TIPS

❶ 過去分詞による修飾　❷ 比較級 ― 形容詞er形　❸ 関係代名詞 ― 目的格
❹ 形式主語 it　❺ 人称代名詞 ― 目的格　❻ 原級比較　❼ There are ～　❽
～enough to…　❾ 関係副詞 where　❿ 副詞節を導く接続詞

❶ Please look at this damaged item.

❷ Which is the lower-priced product, ours or yours?

❸ The agricultural products (which / that) this
country exports are reliable and safe.

❹ It's necessary
to <u>minimize</u> the cost.

minimize⇔maximize
「最大化する」

❺ Does the consultant help us?

❻ This land became
as <u>fertile</u> as that land.

fertile⇔barren
「不毛な」

❼ There are many clear file folders on that shelf.

❽ This textbook is cheap enough for children to buy.

❾ Is that your favorite cafeteria where you often eat
lunch?

❿ Although I overslept, I was in time
for the negotiation.

43

TRACK ▶43

❽ 疑問文の時は、物がある可能性が高い場合は some、低い場合は any を使います。

---

❶ あなたはその会社がいくつ**支社**を持っているか知っていますか？

---

❷ この背の高い少年は誰ですか？
― 彼はトムです。

---

❸ 彼女たちは誰かが**大声**で彼女たちを呼ぶのを聞いた。

---

❹ どの**クーポン**が利用可能ですか？
― この青い**クーポン**です。

---

❺ 彼らの**進捗**についてあなたが知っていることを私に教えてもらえますか？

---

❻ これは何ですか？
― **証明書**です。

---

❼ その**生産コスト**に注意しなさい。

---

❽ いくつか**クリップ**はありますか？

---

❾ たくさんの台風が東京を襲う季節は何ですか？

---

❿ 私たちは**助成金**を受け取ることができなかった。

98

TIPS

❶ 間接疑問文 ❷ Who is 〜? ❸ 知覚動詞＋目的語＋原形不定詞 ❹ which
❺ 先行詞を含む関係代名詞 what ❻ What is 〜? ❼ 命令形 ❽ There
are 〜 ❾ 関係副詞 when ❿ be able to

❶ Do you know how many branch offices
the company has?

❷ Who is this tall boy?
— He is Tom.

❸ They heard someone call
them loudly.

類義語にvoucher
「引換券」があります。

❹ Which coupon is available?
— This blue coupon is.

❺ Will you please tell me what you know about their
progress?

❻ What is this?
— It's a certificate.

❼ Be careful of the production cost.

❽ Are there any paperclips?

❾ What is the season when many typhoons
hit Tokyo?

❿ We were not able to receive a grant.

44

TRACK ▶ 44

❽ discussは他動詞のため、前置詞は不要です。aboutをつけないようにしましょう。

❶ その契約書が到着した時、彼女はそのオフィスの中にいなかった。

❷ 私はそのプログラマーが話していることが理解できなかった。

❸ この工程を省くことは可能ですか？

❹ あれは私のコンピューターですか？
― はい、そうです。

❺ あなたはさらなるプレッシャーに耐えることができますか？ ― はい、できます。

❻ あの人々は公認会計士たちです。

❼ あなたがたのチームメンバーはお元気ですか？
― 非常に元気です。

❽ このプロジェクトについて話し合いましょうか？
― 明日にしましょう。

❾ これは何ですか？
― 小切手です。

❿ あなたは来週、出張でアメリカに行く予定ですか？

❶ when節　❷ 先行詞を含む関係代名詞 what　❸ 形式主語 it　❹ that　❺ can　❻ those　❼ how　❽ shall ― 申し出、誘い　❾ What is ～?　❿ be going to

---

❶ When the contract arrived, she was not in the office.

---

❷ I couldn't understand what the programmer was talking about.

---

❸ Is it possible to skip this process?

---

❹ Is that my computer?
　— Yes, it is.

standも
使います。

---

❺ Can you withstand further pressure?
　— Yes, I can.

---

❻ Those people are CPAs.

副詞で「非常に、かなり」
の意味です。

---

❼ How are your team members?
　— They are **pretty** good.

---

❽ Shall we discuss this project?
　— Let's do it tomorrow.

---

❾ What is this?
　— It's a check.

---

❿ Are you going to go to America on a business trip next week?

❸「店がオープンする」は日本語同様、店+openの語順になります。

---

❶ 私はこのお客さんに直接会ってもいいですか？
― いいえ、いけません。

---

❷ 彼らを支えるその政治家は誰ですか？

---

❸ このレストランは1週間以内にオープンするでしょう。

---

❹ あなたはとても静かに話すので誰も聞くことができない。

---

❺ あなたのデータベースは古いです。私のを使ってください。

---

❻ あなたはいくつクレジットカードを持っていますか？

---

❼ このビルはどのくらい古いのですか？

---

❽ その破損した機器を交換することが必要です。

---

❾ 彼の話は彼女のと同じくらい簡潔だった。

---

❿ あなたは何度、出張でヨーロッパに行ったことがありますか？

TIPS

❶ may　❷ 関係代名詞 ― 主格（人）　❸ will ― 単純未来　❹ too〜to…　❺
人称代名詞 ― 独立所有格　❻ How many 〜?　❼ How＋形容詞＋be動詞〜?
❽ 形式主語 it　❾ 原級比較　❿ 現在完了形 ― 経験

❶ May I see this customer in person?
 ― No, you may not.

❷ Who is the politician who [that] supports them?

❸ This **restaurant** will 居酒屋ならpubです。
 open within a week.

❹ You speak too quietly for anyone to hear you.

❺ Your database is old. Please use mine.

❻ How many credit cards do you have?

❼ How old is this building?

❽ It's necessary to replace the damaged equipment.

❾ His story was as brief as hers.

❿ How many times have you been to
 Europe on business trips?

46

TRACK ▶ 46

❶ 「〜に会う」は、初対面の場合はmeet、二度め以降はseeを使いましょう。

---

❶ 私はその患者に再び会う予定でした。

---

❷ なぜ彼はあなたに、彼にCCするよう頼んだのですか？

---

❸ 何人かの求職者を面接してもらえますか？

---

❹ その箱を運んでいるあの女性は私の秘書です。

---

❺ 私たちは一度もその工場を視察したことがない。

---

❻ 勉強をする時、シェリーはあの施設を使いますか？

---

❼ 彼が、私たちを訪れた日は9月21日でした。

---

❽ もし私がその不正について知っていたら、それを報告しただろうなあ。

---

❾ 先週実施されたその販売促進キャンペーンは効果がなかった。

---

❿ こちらの生産ラインとあちらの生産ライン、どちらがより効率的ですか？

TIPS

❶ be going to ❷ SVO＋to不定詞 ❸ will ― 依頼 ❹ 現在分詞による修飾
❺ 現在完了形 ― 経験 ❻ when節 ❼ 関係副詞 when ❽ 仮定法過去完了
❾ 関係代名詞 ― 主格（人以外） ❿ 比較級 ― 疑問詞の文

❶ I was going to see the patient again.

cc、bccは動詞としても使います。

❷ Why did he ask you to cc him?

❸ Will you please interview some job applicants?

❹ That woman carrying the box is my secretary.

❺ We have never inspected the factory.

❻ Does Shelly use that facility when she studies?

❼ The day when he visited us was September 21st.

❽ If I had known about the fraud, I would have reported it.

❾ The sales promotion campaign which [that] was implemented last week had no effect.

❿ Which is more efficient, this production line or that production line [that one]?

❽ 動作動詞で継続を表す場合、現在完了進行形を使っても意味の違いはごくわずかです。

① 私はどこでこの商品を返品できますか？ ― あなたはそのカスタマーサービスデスクでそれを返品できます。

② 彼は彼の関与を否定するべき証拠を持っている。

③ その銀行はあなたに低い金利でお金を貸してくれましたか？

④ その校長は親切にも、その生徒たちだけでなくこれらのうさぎたちも世話してくれた。

⑤ これらの箱は何ですか？
― 金物類です。

⑥ あの事業計画は彼らのものですか？

⑦ その時、あなたは休憩しているところでしたか？

⑧ 私の息子は５年間ここで働いています。

⑨ 私たちはボランティアです。

⑩ 彼女の経験は私のより面白い。

TIPS

❶ where ❷ to不定詞 — 形容詞的用法 ❸ SVO＋to ❹ ～enough to…
❺ What are～? ❻ 人称代名詞 — 独立所有格 ❼ 過去進行形 ❽ 現在完了形 — 継続 ❾ 人称代名詞 — 主格 ❿ 比較級 — 形容詞more形

❶ Where can I return this item?
— You can return it at the customer service desk.

❷ He has evidence to deny his involvement.

❸ Did the bank lend money
at low interest to you?

take care of も
使います。

❹ The principal was kind enough to look after
not only the students but also these rabbits.

❺ What are these boxes?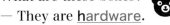
— They are hardware.

コンピューターの「ハードウェア」の
意味もあります。

❻ Is that business plan theirs?

❼ Were you taking a rest then?

❽ My son has worked here for five years.

❾ We are volunteers.

❿ Her experience is more interesting
than mine.

⑩ 悪いニュースを聞いた時によく使う表現です。

① 私はそれを深く検討する時間がありません。

② あなたの原稿はどこですか？

③ そのボランティアたちは時々、私たちのために働きます。

④ どちらがあなたの会社の新しい製品ですか？　こちらですか、それともあちらですか？ — あちらです。

⑤ 彼はどこにその外国のクライアントを連れていくか決めた。

⑥ 彼を異動させないでください。

⑦ これは誰のマーケティングプランですか？

⑧ 彼女はその難問を解かなければならない。

⑨ この送迎バスは、15人の乗客が乗るには十分に大きくない。

⑩ 私はそれを聞いてとても残念です。

TIPS

❶ to不定詞 ― 形容詞的用法　❷ where　❸ 人称代名詞 ― 目的格　❹ which　❺ 疑問詞＋to不定詞　❻ 使役動詞＋目的語＋原形不定詞　❼ whose　❽ have to　❾ ～enough to…　❿ to不定詞 ― 副詞的用法（感情の原因）

❶ I have no time to **c**onsider it deeply.

❷ Where is your **d**raft?

❸ The **v**olunteers sometimes work for us.

❹ Which is your company's new **p**roduct, this one or that one? ― That one is.

❺ He decided where to take the foreign **c**lient.

❻ Please don't make him **t**ransfer.

❼ Whose **m**arketing **p**lan is this?

❽ She has to **s**olve the **d**ifficult **p**roblem.

❾ This **s**huttle **b**us isn't big enough for 15 passengers to ride in.

❿ I am very sorry to hear that.

109

49

❸「失くしてしまった（今ここにはない）」と、完了を表現する場合、現在完了形にします。

---

❶ 彼は参加者ですか？
　― はい、そうです。

---

❷ そのコンピュータープログラマーは有名になるでしょう。

---

❸ あなたはあなたのスマホを失くしてしまったのですか？

---

❹ 私たちは雪がたくさん降ったそのエリアに行くのを避けるべきだ。

---

❺ 私たちはついに、私たちが雇いたい男性を見つけた。

---

❻ その女性は私たちの事業部の中で最も効果的に彼女の役割を果たすだろう。

---

❼ その研究所にはたくさんの化学薬品がありました。

---

❽ 彼らはその提案を拒否することができましたか？

---

❾ 今日、東京はくもりです。

---

❿ どのヘルメットが私のですか？

110

❶ 人称代名詞 ─ 主格 ❷ will ─ 単純未来 ❸ 現在完了形 ─ 完了 ❹ 関係副詞 where ❺ 関係代名詞 ─ 目的格 ❻ 最上級 ─ 副詞 ❼ 過去形 ❽ be able to ❾ 主語 it ❿ which

❶ Is he a participant?
— Yes, he is.

❷ The computer programmer will be famous.

❸ Have you lost your smartphone?

avoidの後は
to不定詞ではなく
動名詞になります。

❹ We should <u>avoid</u> going to the area where it snowed a lot.

❺ We finally found a man (whom / that) we want to hire.

❻ The woman will perform her role (the) most effectively in our division.

❼ There were many chemicals in the laboratory.

❽ Were they able to reject the proposal?

❾ It is cloudy in Tokyo today.

❿ Which helmet is mine?

❼ 「赤字です」の場合は、be in the redを使います。

---

❶ 誰がそのお客さんに電話しますか？

....

❷ あなたはどうやってそのクライアントに会いに行きますか？ ― タクシーで行きます。

....

❸ あなたはその添付された書類を開くことができます。

....

❹ 彼女はその招待を受け取って喜んだ。

....

❺ 見ることは聞くことより大切です。

....

❻ あなたがたが彼をあなたがたのリーダーにした。

....

❼ 昨年私たちの会社によって買収されたその子会社は黒字です。

....

❽ その製品の発売日はいつですか？

....

❾ 私は彼女にそのEメールを転送するよう言います。

....

❿ この写真は他のどの写真より美しく見える。

....

TIPS

❶ 疑問詞主語 who ❷ how ❸ 過去分詞による修飾 ❹ to不定詞 ― 副詞的用法（感情の原因） ❺ 比較級 ― 形容詞more形 ❻ SVOC ❼ 関係代名詞 ― 主格（人以外） ❽ when ❾ SVO＋to不定詞 ❿ 比較級 ― 形容詞more形

❶ Who calls the customer?

❷ How do you go to see the client?
 ― I go by taxi.

❸ You can open
 the attached document.

attachmentとも言います。

❹ She was pleased to receive the invitation.

❺ Seeing is more important than hearing.

❻ You made him your leader.

❼ The subsidiary company which [that] was acquired by our company last year is in the black.

❽ When is the launch date of the product?

❾ I will tell her to forward the email.

❿ This photo looks more beautiful
 than any other photo.

113

❶❹❺のような無生物主語＋一般動詞の文章にも慣れましょう。

---

❶ その封筒はちょうど届いたところです。

❷ 私たちの上司は私たちにそのハードカバーの本を読ませた。

❸ あなたがたの問題は大きくないです。

❹ そのフリーマーケットは何時に閉まるのですか？

❺ あの本はアメリカでは人気にならなかった。

❻ その時、彼らは事業計画について話し合っていなかった。

❼ これらは誰のコメントですか？
  ― 彼女たちのです。

❽ 水曜日は私たちがノー残業デイを持つ日です。

❾ その修理工は彼女に助言を与えた。

❿ 若い頃、彼は研究員だった。

❶ 現在完了形 — 完了　❷ 使役動詞＋目的語＋原形不定詞　❸ 人称代名詞 —
所有格　❹ What time～?　❺ SVC — 一般動詞　❻ 過去進行形　❼ whose
❽ 関係副詞 when　❾ SVO＋to　❿ when節

❶ The envelope has just arrived.

❷ Our boss made us read the hardcover book.

❸ Your problem isn't big.

flea「ノミ」+market「市」
＝ノミの市です。

❹ What time does the <u>flea market</u> close?

❺ That book didn't become popular in the US.

❻ They were not discussing the business plan then.

❼ Whose comments are these?
— They are theirs.

❽ Wednesday is the day when we have a no overtime day.

❾ The repairperson gave advice to her.

❿ He was a researcher when he was young.

❶ Is there anyone who [that] ~「~な人は誰かいますか？」はよく使う表現です。

❶ スペイン語を話せる人は誰かいますか？

❷ あなたはこの箱をどこに運ぶべきか知っていますか？

❸ あのホッチキスは誰のですか？

❹ 彼らはその倉庫の中で棚卸しをした。

❺ 私たちは6時間、この船に乗っています。

❻ 彼の仕事は何ですか？
― ソフトウェア開発者です。

❼ その箱は1人の女性が運ぶのに十分に軽い。

❽ どの女性があなたの秘書ですか？
― あの赤い服の女性です。

❾ あの若い参加者は誰ですか？
― 彼女はテイラーさんです。

❿ 誰が8人の中で一番若いメンバーですか？

❶ 関係代名詞 ― 主格（人） ❷ 疑問詞+to不定詞 ❸ whose ❹ 過去形
❺ 現在完了形 ― 継続 ❻ What is ～? ❼ ～enough to… ❽ which ❾
Who is ～? ❿ 最上級 ― 形容詞est形

❶ Is there anyone who [that] can speak Spanish?

❷ Do you know where to carry this box?

❸ Whose is that stapler?

❹ They took inventory in the warehouse.

❺ We've been on this ship for six hours.

❻ What is his job?
  — Software developer.

❼ The box is light enough for a woman to carry.

❽ Which woman is your secretary?
  — That woman in red is.

❾ Who is that young participant?
  — She is Ms. Taylor.

❿ Who is the youngest member of the eight?

⑥ 疑問詞主語whoは原則、三人称単数扱いのため、現在形では一般動詞の後にsまたはesがつきます。

① 私たちは再び彼らに会えてとても喜びました。

② あなたはいつその<u>建築家</u>とともに働きますか？

③ ケンはその批評家を知っています。

④ 彼らは印象的です。

⑤ 彼女のプレゼンはその<u>重役たち</u>を幸せにした。

⑥ 誰がこれらの机を拭くのですか？

⑦ 私は長い間、私の故郷の町を訪れていない。

⑧ 次郎が私たちに夕食を作ってくれた。

⑨ あなたの<u>プロジェクトチーム</u>には何人のメンバーがいますか？

⑩ その<u>クライアント</u>はあなたのことを何と呼ぶの？

❶ We were very pleased to see them again.

❷ When do you work with the architect?

❸ Ken knows the critic.

形容詞criticalは
「批評の、批判的な、
重大な」の意味です。

❹ They are impressive.

❺ Her presentation made the executives happy.

❻ Who wipes these desks?

❼ I haven't visited my hometown
for a long time.

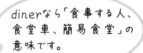
dinerなら「食事する人、
食堂車、簡易食堂」の
意味です。

❽ Jiro made dinner for us.

❾ How many members does your project team have?

❿ What does the client call you?

❸ soundの後に名詞を続ける場合は、soundと名詞の間にlikeを入れます。

❶ 彼の事業は昨年よりうまくいっている。

❷ 地方公共団体がしなければならないことはその経済を活性化することです。

❸ 彼女の話は嘘のように聞こえる。

❹ 彼の意見は安直すぎて誰も従うことができなかった。

❺ 私は、彼が説明したその新しいアイデアに興味があります。

❻ その打合せが終わった時、私たちはとても疲れていた。

❼ あなたは普段どこで昼食を食べますか？

❽ あなたは何がしたかったのですか？
― 私は、私の働き方を変えたかったのです。

❾ あなたはこのタスクに対処することができますか？

❿ この方法と彼が提案したもの、どちらがより良いですか？

❶ His business is going better than last year.

❷ What local governments have to do is to
dynamize the economy.

類義語stimulate
「刺激する」も使います。

❸ Her story sounds like a lie.

❹ His opinion was too
cheap for anyone to follow.

類義語obeyも
使います。

❺ I am interested in the new idea
(which / that) he explained.

❻ When the meeting finished, we were very tired.

❼ Where do you usually eat lunch?

❽ What did you want to do?
　― I wanted to change my work style.

❾ Can you handle this task?

❿ Which is better, this way or the one
he offered?

55

TRACK ▶ 55

❼ not + more easily than〜は、not + as easily as〜に言い換えることもできます。

---

❶ この打合せに遅れているその人は私の同僚です。

❷ 彼女はこの事業部の中で最も上手くこの新しい機械を操作することができるでしょう。

❸ 私が勉強した学校はあなたの家の近くです。

❹ その保険会社はその不動産会社にいくら貸したのですか？

❺ この小さなデバイスは誰のですか？
— 彼のです。

❻ あなたはこのワークショップに参加するためにここへ来たの？

❼ このコーヒーマシンは、その古いコーヒーマシンよりは簡単には壊れない。

❽ あの手すりに寄りかかっているのは誰ですか？
— わかりません。

❾ 佐藤さんは2020年からずっと上海にいます。

❿ 私がその追加料金を払うよ。

❶ The person running late for this meeting is my colleague.

❷ She will be able to operate this new machine the best in this division.

❸ The school where I studied is near your house.

❹ How much did the insurance company lend to the real estate company?

❺ Whose is this small device?
　— It's his.

❻ Did you come here to attend this workshop?

❼ This coffee machine doesn't break more easily than the old coffee machine [the old one].

❽ Who is leaning on that railing?
　— I'm not sure.

❾ Mr. Sato has been in Shanghai since 2020.

❿ I will pay the surcharge. 飛行機の「燃油サーチャージ」は fuel surchargeです。

⑨ あらかじめ決めている、予定している場合は、will ではなく be going to を使います。

---

① 彼はその作業をするのに十分に熟練している。

② そのドアを閉めてくれますか？
— もちろんです。

③ それらは誰のチラシですか？

④ 無視するべき意見はひとつもなかった。

⑤ どちらがあなたの後援者たちですか？　こちらの男性たちですか、それともあちらの男性たちですか？ — こちらの男性たちです。

⑥ この色あせたスカートを返品することは可能ですか？

⑦ あなたはもう、その作業をしましたか？

⑧ 彼女は彼を最高の上司と呼んだ。

⑨ 私は来年、私の両親にあげる家を買う予定です。

⑩ 彼女の出張はいつですか？

❶ 〜enough to… ❷ will — 依頼 ❸ whose ❹ to不定詞 — 形容詞的用法
❺ which ❻ 過去分詞による修飾 ❼ 現在完了形 — 完了 ❽ SVOC ❾ to
不定詞 — 形容詞的用法 ❿ when

❶ He is <u>skilled</u> enough to do the work.

❷ Will you please close the door?
— Sure.

> 類義語 experienced
> 「経験を積んだ」も
> 使います。

❸ Whose flyers are they?

❹ There were no opinions to ignore.

❺ Which are your sponsors, these men or those men?
— These men are.

❻ Is it possible to return this faded skirt?

❼ Have you done the work yet?

❽ She called him the best boss.

❾ I'm going to buy a house to give to my parents next year.

❿ When is her business trip?

❶「その従業員全員」=「特定の従業員全員」という意味で、theをつけています。

---

❶ あなたはその従業員全員にマーケティングを教えますか？

---

❷ 誰がこのカレンダーを欲しいのですか？
― 少数のお客さんです。

---

❸ これらの方法はあれらの方法と同じくらい効果的ですか？

---

❹ あなたがたはその仕事に最良のパートナーを探すべきです。

---

❺ 私の同僚がそのオフィスに来た時、私は私のお客さんに電話しているところだった。

---

❻ 私たちがタバコを吸うことができる場所を見つけるのは難しいです。

---

❼ あなたは自分の机で昼食を食べてもいいです。

---

❽ あのエンジニアはどこの出身ですか？
― 彼はムンバイ出身です。

---

❾ これは彼によってスケジュールされた旅行日程です。

---

❿ ここは私が最初に彼に会った職場です。

---

❶ Do you teach all the employees marketing?

❷ Who wants this **calendar**?
— A few customers do.

最後の2文字はarです。
erと綴らないように。

❸ Are these methods
as effective as those methods [those ones]?

❹ You should find the best partner for the job.

❺ I was calling my customer when my colleague
came to the office.

❻ It's difficult to find a place where we can smoke.

❼ You may eat lunch at your desk.

❽ Where is that engineer from?
— He is from Mumbai.

❾ This is the itinerary which [that] was scheduled by
him.

❿ This is the workplace where
I first met him.

❾「電車を乗り換える」の「電車」は複数形のtrainsを使うことに注意しましょう。

---

❶ サンパウロは秋です。

---

❷ 彼女はなんて頭が良いのでしょう！

---

❸ あなたは彼の意見が正しいと思いますか？

---

❹ 明日は外で食事をするのに十分暖かくはないでしょう。

---

❺ 私の上司が私たちにコーヒーをいれてくれた。

---

❻ 私は法律事務所を経営している友達を持っています。

---

❼ 彼女は見せるためのアイデアが何もなかった。

---

❽ どれが最も効率的なレイアウトだと思いますか？

---

❾ あなたがたはどこで電車を乗り換えますか？
— 次の駅で乗り換えます。

---

❿ 私たちの知識はとても限られているので、私たちは専門家たちを頼るべきです。

---

❶ It is autumn in Sao Paulo.

❷ How <u>smart</u> she is! 🐻 「頭の回転が早い」の意味で使います。

❸ Do you think that his <u>opinion</u> is <u>correct</u>? 🐻 rightも使います。

❹ It will not be warm enough to eat outside tomorrow.

❺ My boss made us some coffee.

❻ I have a friend running a law firm.

❼ She didn't have any ideas to show.

❽ Which do you think is the most efficient layout?

❾ Where do you change trains?
— We change them at the next station.

❿ Our knowledge is so limited that we should rely on experts.

❹ not⁺any longerは、no longerに言い換えることもできます。

---

① この会議室を設営するのをやめましょう。

---

② トムは上手にビジネスメールを書くことができる。

---

③ どちらが彼の郵送先ですか？

---

④ 私たちはもうこれ以上、彼を待てない。

---

⑤ 彼らは何時にそのオフィスを出発する予定ですか？

---

⑥ あれはそんなに良くは見えない。

---

⑦ 簡潔にまとめることは私にとって一番難しい仕事だ。

---

⑧ あれらは何ですか？
― カートリッジです。

---

⑨ 私たちは、私たちの机を清潔に保つべきです。

---

⑩ あなたはあのステージ上で演説しているその男性が見えますか？

---

❶ Let's stop setting up this conference room.

❷ Tom can write business emails well.

❸ Which is his postal address?

❹ We can't wait for him any longer.

❺ What time are they going to leave the office?

❻ That doesn't look so good.

❼ Summarizing briefly is the most difficult job for me.

❽ What are those?
― They are cartridges.

類義語tidy「片付いた状態に、整然と」も使います。

❾ We should keep our desks <u>clean</u>.

❿ Can you see the man who [that]
is <u>making a speech</u> on that stage?

フォーマルな場での演説は
make an addressと言います。

⑤ 例文は現在分詞を使って、that man standing〜 に言い換えることもできます。

① 彼がその深刻なミスをするまで、彼と彼の上司はお互いに仲良くやっていた。

② これは彼らのアイデアです。

③ その男性は定時に彼のオフィスを出た。

④ この階にはキャビネットがいくつありますか？

⑤ 向こうに立っているあの男性はあなたのクライアントですか？

⑥ あなたはどのくらいの間、お互いを知っているのですか？

⑦ 彼女はあなたの傷を手当てするためにあなたの家に行くだろう。

⑧ このマニュアルはユーザーが読むのに十分に簡単だ。

⑨ そのマネージャーはその理由を説明しているところでした。

⑩ あなたは、そのメッセージが影響力のある、あの男性を知っていますか？

TIPS

❶ 副詞節を導く接続詞　❷ 人称代名詞 ─ 所有格　❸ 過去形　❹ There are ～　❺ 関係代名詞 ─ 主格（人）　❻ 現在完了形 ─ 継続　❼ to不定詞 ─ 副詞的用法（目的）　❽ ～enough to…　❾ 過去進行形　❿ 関係代名詞 ─ 所有格

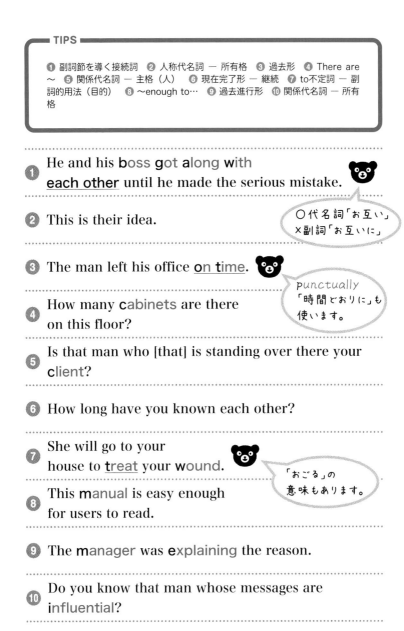

❶ He and his boss got along with each other until he made the serious mistake.

❷ This is their idea.

〇代名詞「お互い」
×副詞「お互いに」

❸ The man left his office on time.

punctually
「時間どおりに」も
使います。

❹ How many cabinets are there on this floor?

❺ Is that man who [that] is standing over there your client?

❻ How long have you known each other?

❼ She will go to your house to treat your wound.

「おごる」の
意味もあります。

❽ This manual is easy enough for users to read.

❾ The manager was explaining the reason.

❿ Do you know that man whose messages are influential?

④ 一つの文の中に疑問詞と関係代名詞のwhichが入っています（関係代名詞はthatに言い換え可）。

① 彼はその本を購入することができなかった。

② 役員会が私たちにして欲しいことは余分な経費を削ることです。

③ 明日、彼にこの小包を送ってください。

④ 今月、一番高い売り上げを達成した支社はどちらですか？

⑤ 私はそのレストランに行くためにその階段を下りた。

⑥ 彼は彼の見込み客たちがこれらの製品を買うだろうと信じている。

⑦ 私たちの社長は私たちの会社の中で最も早くそのオフィスに来ます。

⑧ 彼女はその貯蔵室の中で働いているところです。

⑨ 誰がその授賞式の晩さん会に出席する予定ですか？
― 私たちのチームメンバーたちです。

⑩ 彼女はなんてはっきりと話すのでしょう！

① be able to ② 先行詞を含む関係代名詞 what ③ SVOO ④ 関係代名詞
— 主格（人以外） ⑤ to不定詞 — 副詞的用法（目的） ⑥ that節 ⑦ 最上
級 — 副詞 ⑧ 現在進行形 ⑨ be going to ⑩ 感嘆文

---

① He was not able to **p**urchase the book.

---

② What the **b**oard wants us to do is to cut **extra costs**.

---

③ Please send him this **p**arcel tomorrow.

---

④ Which is the **b**ranch **o**ffice which [that] **a**chieved the highest **s**ales this month?

---

⑤ I went down the stairs to go to the restaurant.

---

⑥ He believes that his **p**rospective **c**ustomers will buy these **p**roducts.

---

⑦ Our **p**resident comes to the office the earliest in our company.

---

⑧ She is working in the **s**toreroom.

---

⑨ Who is going to **a**ttend the **a**wards **b**anquet?
— Our team members are.

---

⑩ How clearly she talks!

62

TRACK ▶ 62

⑥ 感嘆文では、whatの後には名詞、howの後には形容詞または副詞が続きます。

---

① 私たちはもう1人職員を雇いましょうか？
— そうしましょう。

---

② あなたの上司は何を持っているのですか？
— 彼女は経費報告書を持っています。

---

③ 私はあなたに今それを手配して欲しくない。

---

④ いつでも私に電話してください。

---

⑤ 私たちがその在庫を確認した時、在庫品はひとつもなかった。

---

⑥ これはなんて良いアイデアなのでしょう！

---

⑦ 誰がこの事実を知っていますか？
— 私のメンバーたちだけです。

---

⑧ 彼女は私にこの本を戻すよう頼んだ。

---

⑨ このLED電球がこのカタログの中で一番明るいです。

---

⑩ あなたはいつこれらの化学薬品を検査しますか？

138

❶ Shall we hire another staff member?
　― Yes, let's.

❷ What does your boss have?
　― She has an expense report.

❸ I don't want you to arrange it now.

❹ Please give me a call anytime.

❺ When we checked the inventory, there was no stock.

❻ What a good idea this is!

❼ Who knows this fact?
　― Only my members do.

❽ She asked me to put this book back.

❾ This LED bulb is the brightest in this catalog.

 checkも使います。

❿ When do you test these chemicals?

63

TRACK ▶ 63

❺ 例文のWithout〜は、 if it were not for〜や But for〜に言い換えることもできます。

❶ 私は、私たちはその予算を削減するべきだと思う。

❷ その会社はいくつの子会社を持っていますか？
― ７つの子会社です。

❸ あなたはこれらの内容を要約することができますか？

❹ 私たちの営業担当者があなたのご質問に喜んでお答えします。

❺ この問題がなければ、私たちはその会社を買収するのになあ。

❻ あの男性たちは誰ですか？
― 建設作業員たちです。

❼ そのCEOは、彼がその会社の業績について予想していなかったことを聞いた。

❽ 彼女は交通機関が便利である、そのエリアに住んでいる。

❾ あなたがたは常勤の従業員ですか？

❿ あなたがたはここで何をしているのですか？

─ TIPS ─

❶ that節　❷ How many 〜?　❸ can　❹ to不定詞 ― 副詞的用法（感情の原因）　❺ 仮定法過去　❻ Who are 〜?　❼ 先行詞を含む関係代名詞 what　❽ 関係副詞 where　❾ 人称代名詞 ― 主格　❿ 現在進行形

❶ I think that we should **t**rim the **b**udget.

❷ How many **s**ubsidiaries does the company have?
　— It has 7 **s**ubsidiaries.

❸ Can you **s**ummarize these **c**ontents?

省略されると
sales repになります。

❹ Our **s**ales **r**epresentatives will be happy to answer your questions.

❺ Without this **p**roblem, we would **p**urchase the company.

❻ Who are those men?
　— They are **c**onstruction **w**orkers.

❼ The **CEO** heard what he didn't expect about the company's **p**erformance.

❽ She lives in the area where **t**ransportation is **c**onvenient.

chief executive officer
「最高経営責任者」の
省略形です。

❾ Are you **f**ull-time **e**mployees?

❿ What are you doing here?

full-time⇔part-time
「非常勤の」

141

64

❸ 主語が人の場合、動詞meanは「（人が）〜の意味で言う」の意味になります。

TRACK ▶ 64

---

① 彼女は今、どこで休憩をとっているのですか？
― あの食堂で休憩をとっています。

---

② スマホがうまく作動しなくなったその少女は修理店へ行った。

---

③ 彼はあなたが何を意図しているかを理解しようとしていましたか？

---

④ この携帯翻訳機がこれら４つの中で一番役に立つ。

---

⑤ 私は明日、円をドルに両替するためにその銀行に行くでしょう。

---

⑥ あなたは午前10時に届いたそのEメールを詳細に読むべきです。

---

⑦ 誰かその現在の状況を説明する人を送ってください。

---

⑧ あなたはおととい、どこにいましたか？
― 東京にいました。

---

⑨ あの女性たちは誰ですか？
― 候補者たちです。

---

⑩ あなたは今日いくつの質問に答えることができますか？
― ３つの質問だけです。

TIPS

❶ 現在進行形　❷ 関係代名詞 ― 所有格　❸ 間接疑問文　❹ 最上級 ― 形容詞most形　❺ to不定詞 ― 副詞的用法（目的）　❻ 関係代名詞 ― 主格（人以外）　❼ to不定詞 ― 形容詞的用法　❽ 過去形　❾ Who are ～?　❿ can

❶ Where is she taking a break now?
― She is taking a break in that cafeteria.

❷ The girl whose smartphone didn't work well went to a repair shop.

❸ Was he trying to understand what you meant?

❹ This portable translator device is the most useful of these four.

❺ I will go to the bank to exchange yen for dollars tomorrow.

yenは
単複同形です。

❻ You should read the email in detail which [that] arrived at 10 A.M.

名詞は「水流、空気の流れ、電流」などの意味です。

❼ Please send someone to explain the current situation.

❽ Where were you the day before yesterday?
― I was in Tokyo.

❾ Who are those women?
― They are candidates.

❿ How many questions can you answer today?
― Only 3 questions.

❻ to不定詞が感情を表す形容詞や動詞と結びつくと、感情の原因を表します。

---

① あなたは毎朝、何時にその急行列車に乗るのですか？

....

② そのビジターは一度、私たちのセミナーに来たことがある。

....

③ あれらは文房具ですか、それともデジタルデバイスですか？ ― デジタルデバイスです。

....

④ 私は部長です。

....

⑤ あなたは経営陣と話す必要はありません。

....

⑥ 彼はその事故を見てとても驚いた。

....

⑦ そのクライアントが言ったことはばかげすぎていて私たちは受け入れることができなかった。

....

⑧ あなたがたは今月何台のパソコンを取り替えるつもりですか？ ― 約100台です。

....

⑨ 私は昨日、彼に1通の請求書を送りました。

....

⑩ 彼らは昨日、あなたに何を言いましたか？

....

TIPS

❶ What time～? ❷ 現在完了形 ― 経験 ❸ those ❹ 人称代名詞 ― 主格
❺ have to ❻ to不定詞 ― 副詞的用法（感情の原因） ❼ too～to… ❽ be
going to ❾ SVOO ❿ 過去形

❶ What time do you take the express train every morning?

❷ The visitor has come to our seminar once.

❸ Are those <u>stationery</u> or digital devices?
― They are digital devices.

❹ I'm a division head.

stationaryなら形容詞
「動かない、固定の」という意味です。

❺ You don't have to talk to management.

❻ He was very surprised to see the accident.

「非常識な、不合理な」の
意味で使います。

❼ What the client said was too <u>absurd</u>
for us to accept.

❽ How many PCs are you going to replace this month? ― About one hundred.

❾ I sent him a bill yesterday.

❿ What did they tell you yesterday?

145

5 how oldは、人だけでなく、物に対しても使うことができます。

1 私たちは彼が乾杯の音頭を取るのを見た。

2 あの電池は彼のですか、それとも彼女のですか？

3 あなたの次の休みはいつですか？

4 この打合せで取り上げられたその問題はまもなく解決されるでしょう。

5 あなたはその出版社がどのくらい古いか知っていますか？

6 あれは自転車ですか、それともオートバイですか？
— オートバイです。

7 あれらの男性たちは誰ですか？
— 彼らは彼女のアドバイザーです。

8 あなたは今までに海外留学したことがありますか？

9 彼女は明日、対応可能でしょう。

10 もし彼が5分遅く出発していたら、彼はその打合せに間に合わなかっただろうなあ。

❶ We watched him **p**ropose a **t**oast.

❷ Is that **b**attery his or hers?

❸ When is your next holiday?

❹ The **p**roblem taken up at this **m**eeting will be **s**olved soon.

❺ Do you know how old the **p**ublisher is?

❻ Is that a bicycle or a **m**otorcycle?
─ It is a **m**otorcycle.

❼ Who are those men?
─ They are her **a**dvisors.

❽ Have you ever studied abroad?

❾ She will be **a**vailable tomorrow.

❿ If he had left five minutes later, he could not have been in time for the **m**eeting.

147

67

TRACK ▶ 67

❽ 意志未来を表現するため、will（例文ではwill not）を使います。

---

❶ この問題を解決するのはあの問題より難しかった。

---

❷ 彼らはその打合せルームを掃除しているところです。

---

❸ このビルの中にはいくつエレベーターがありますか？

---

❹ その結果がとてもひどかったので、彼は失望した。

---

❺ その時、私はその予約を変更しているところでした。

---

❻ 彼は私より効果的に彼の役割を果たした。

---

❼ あれが、私たちが一時的に壊れた事務用品を保管する部屋ですか？

---

❽ 私は容易には、新しい考えを受け入れないよ。

---

❾ あなたの会社で一番複雑な仕事は何ですか？

---

❿ 私たちはお互いを知るために打合せが必要だ。

━ TIPS ━

❶ 比較級 ― 形容詞more形　❷ 現在進行形　❸ There are ～　❹ so～that
…　❺ 過去進行形　❻ 比較級 ― 副詞　❼ 関係副詞 where　❽ will ― 意志未
来　❾ 最上級 ― 形容詞most形　❿ to不定詞 ― 副詞的用法（目的）

❶ To solve this problem was more difficult than that problem [that one].

❷ They are cleaning the meeting room.

❸ How many elevators are there in this building?

❹ The result was so terrible that he was disappointed.

❺ I was changing the reservation then.

❻ He performed his role more effectively than I did.

temporarily⇔permanently
「永久に」

❼ Is that the room where we store broken office supplies temporarily?

❽ I won't readily accept new ideas.

「すぐに、快く」の
意味もあります。

❾ What is the most complicated job in your company?

❿ We need a meeting to know each other.

❶ 例文のyetの代わりにalreadyを使うと「もう（すでに）試したのですか？」と驚きの意味が加わります。

---

❶ 彼らはもうその新しい道具を試しましたか？

---

❷ 私は直接、彼に電話するよ。

---

❸ 彼女はその警察官に彼女の運転免許証を見せた。

---

❹ あなたは彼女を知っていますか？

---

❺ 彼の将来の目標はこの会社の社長になることです。

---

❻ 私は何か月もその仕事に適任の人を探している。

---

❼ 私はこの机を使ってもいいですか？
　— どうぞ。

---

❽ あの男性は誰ですか？
　— 彼は私たちの後援者です。

---

❾ あなたが何を調べているのか、私に教えてください。

---

❿ あなたは送信ボタンを押す前、Eメールアドレスを二度確認しますか？

---

❶ 現在完了形 ─ 完了　❷ will ─ 意志未来　❸ SVOO　❹ 人称代名詞 ─ 目的格　❺ to不定詞 ─ 名詞的用法　❻ 現在完了進行形　❼ may　❽ Who is ～?　❾ 間接疑問文　❿ 副詞節を導く接続詞

❶ Have they tried the new tool yet?

❷ I'll call him directly.

❸ She showed the police officer her driver's license.

❹ Do you know her?

❺ His goal in the future is to become the president of this company.

❻ I have been looking for the right person for the job for months.

appropriate personも使います。

❼ May I use this desk?
— Sure.

❽ Who is that man?
— He is our sponsor.

❾ Please tell me what you are looking into.

❿ Do you check email addresses twice before you press the "send" button?

pushよりpressが使われます。

69

TRACK ▶ 69

❹ be used to「〜に慣れている」の後は、名詞や動名詞が続きます。

① その薬はとてもよく作用したので、私はそれを変える必要がなかった。

② 今ボストンでは夜11時です。

③ 私は彼より5歳年上です。

④ 私は残業することに慣れていない。

⑤ 彼は疲れすぎて、その残っている作業を始められなかった。

⑥ 私があなたの注文履歴を確認する間、少々お待ちいただけますか？

⑦ なぜその弁護士は走っていたのですか？

⑧ この請求書は私のものです。

⑨ 彼女はいつもその会議室を片付いた状態に保っている。

⑩ 私たちは、生産性が低いその作業員に対処する方法について心配している。

❶ The medicine **worked** so **well** that I didn't have to change it.

❷ It is eleven o'clock at night in Boston now.

❸ I'm five years older than him.

❹ I'm not used to **working** **overtime**.

❺ He was too tired to start the **remaining** work.

❻ Will you please wait for a moment while I **check** your **order history**?

❼ Why was the **lawyer** running?

❽ This **bill** is mine.

❾ She always keeps the **conference** **room** tidy.

❿ We are worried about how to **cope** with the worker whose **productivity** is low.

70

❸ costにはhighやlowを使います。expensiveやcheapは使いませんので注意しましょう。

TRACK ▶ 70

---

❶ あなたはどのくらいの間、このノートパソコンを使っているのですか？

---

❷ あなたはEメールでのみ、そのお客さんに連絡することができます。

---

❸ そのコストがとても高いので、私たちはそれを生産するのをやめるかどうかを決めなければならない。

---

❹ どちらが彼女のお気に入りの料理ですか？

---

❺ 私たちがその会議室の中のその机を拭きますよ。

---

❻ 私たちの本社ビルはこのビルより高い。

---

❼ 彼女は１週間に何通のEメールを受け取りますか？
― １週間に約100通のEメールを受け取ります。

---

❽ 彼はその時、気が動転した。

---

❾ 私は、CEOが優秀であるその会社に投資した。

---

❿ その著者はその国で有名になった。

TIPS

❶ 現在完了形 ― 継続 ❷ be able to ❸ so〜that… ❹ which ❺ will ― 意志未来 ❻ 比較級 ― 形容詞er形 ❼ How many 〜? ❽ 過去形 ❾ 関係代名詞 ― 所有格 ❿ SVC ― 一般動詞

❶ How long have you used this laptop?

❷ You are able to contact the customer only by email.

❸ The cost is so high that we have to decide whether to stop producing it.

❹ Which is her favorite cuisine?

*food*より丁寧な表現です。

❺ We'll wipe the desk in the conference room.

*head office*とも言います。

❻ Our headquarters building is taller than this building [this one].

❼ How many emails does she receive a week? — She receives about 100 emails a week.

❽ He got upset then.

❾ I invested in the company whose CEO was excellent.

❿ The author became famous in the country.

71

❹「物事が終わる」は日本語同様、物事＋endの語順になります。

❶ あなたは毎日何人のビジターに会いますか？
― 毎日、５人のビジターに会います。

❷ あなたはどうやって彼らの日常業務を監視しますか？

❸ 彼らは彼らのファイルを整理するでしょう。

❹ その打合せは何時に終わりますか？
― 午後２時に終わります。

❺ この計算機はあなたのですか、それとも彼女のですか？

❻ その記者はその男性をインタビューするでしょう。

❼ 私たちの離職率はこの産業の中で一番低いです。

❽ あなたはどのくらいの間、そのプレゼン用の配布資料を書いているのですか？

❾ 彼は３年前よりずっと流暢（りゅうちょう）に英語を話します。

❿ 最近ずっと涼しいです。

━ TIPS ━

❶ How many ～? ❷ how ❸ will ― 単純未来 ❹ What time～? ❺ 人称
代名詞 ― 独立所有格 ❻ will ― 単純未来 ❼ 最上級 ― 形容詞est形 ❽ 現
在完了進行形 ❾ 比較級 ― 副詞 ❿ 現在完了形 ― 継続

❶ How many visitors do you meet every day?
― I meet 5 visitors every day.

❷ How do you <u>monitor</u> their daily operations? 🐻

❸ They will organize their files.

oversee も使います。

❹ What time does the meeting end?
― It ends at two in the afternoon.

❺ Is this calculator yours or hers?

❻ The reporter will
interview the man.

turnover rate⇔retention rate
「定着率」

❼ Our <u>turnover rate</u> is the lowest in this industry. 🐻

❽ How long have you been writing the handouts for
the presentation?

❾ He speaks English much more fluently than he did
three years ago.

❿ It has been cool recently.

❷ 関係副詞は関係代名詞で言い換えることができますが、前置詞が必要になります。

❶ その宴会場はどこですか？

❷ 6月は私たちが決算を発表する月です。

❸ 誰がそのマニュアルを失くしたの？

❹ 私たちはもう1つオフィスを借りる必要がありますか？
― いいえ、私たちは必要ありません。

❺ これはそのお客さんが返品したがっていた商品です。

❻ この土地はあなたの家より高い。

❼ 私たちは一度もその営業担当者と話したことはありません。

❽ 私の上司は私の会社の中で一番長く働く。

❾ 彼らはいつ話し始めたのですか？

❿ どれがあなたの作業場ですか？

❶ Where is the banquet hall?

❷ June is the month when we announce financial results.

❸ Who has lost the manual?

❹ Do we have to rent another office?
— No, we don't.

❺ This is the item (which / that) the customer wanted to return.

❻ This land is more expensive than your house.

❼ We have never talked with the sales representative.

❽ My boss works the longest in my company.

❾ When did they start talking?

❿ Which is your workspace?

73

❻ 急ぎの場合は、Can anyone answer the phone? を使います。

TRACK ▶73

❶ 締め切りを守ることは大切です。

❷ 彼女はどうやってその建築家に説明しましたか？

❸ 誰がこのプロジェクトを管理するのですか？
― 彼女がします。

❹ 彼らは今朝からずっとここで働いています。

❺ 私は彼の動画を確認しているところです。

❻ その電話を取ることができる人は誰かいますか？

❼ 私たちはその銀行に分割払いを受け入れてもらった。

❽ 彼はあの女性ほど熱心には働かない。

❾ これは何でできていますか？
― アルミニウムでできています。

❿ 私たちはその店員がたくさんの人々と話すのを見た。

TIPS

❶ 形式主語 it ❷ 過去形 ❸ 疑問詞主語 who ❹ 現在完了進行形 ❺ 現在
進行形 ❻ 関係代名詞 ― 主格（人） ❼ get＋目的語＋to不定詞 ❽ 原級比
較 ❾ 受け身 ❿ 知覚動詞＋目的語＋原形不定詞

❶ It's important
to meet a <u>deadline</u>.

> 類義語にdue date
> 「期限日」があります。

❷ How did she explain to the architect?

❸ Who manages this project?
— She does.

❹ They have been working here since this morning.

❺ I'm checking his video.

> answerとも言います。

❻ Is there anyone who
[that] can pick up the phone?

❼ We got the bank to accept payment in
installments.

❽ He doesn't work
as hard as that woman.

> ひとめで素材がわかる→be made of、
> わからない→be made from

❾ What <u>is</u> this <u>made of</u>?
— It's made of aluminum.

❿ We saw the sales clerk talk with a lot of people.

⑩ willとcanを2つ並べて使うことはできないため、will be able toで未来+可能を表現します。

74

TRACK ▶ 74

---

① 私は一度もその会社のウェブサイトを見たことがない。

---

② 彼は、なぜ彼がその注文を受けることに失敗したのかわからなかった。

---

③ 私たちの営業担当者たちはどこにいますか？

---

④ もしあなたがあなたの写真付き身分証明書を持っていないなら、あなたの入場が禁止されます。

---

⑤ 郊外に引っ越しすることは、最近では一般的ではない。

---

⑥ 私は彼のマネージャーを知っています。

---

⑦ 私たちの社用車はこの車よりも安い。

---

⑧ 彼は彼女と同じくらい上手にお客さんの注文を処理することができる。

---

⑨ 彼は何について話していましたか？
― 彼はこの製品の価格について話していました。

---

⑩ 彼は駐車スペースを見つけることができるでしょうか？
― はい、できます。

---

❶ I have never seen the website of the company.

❷ He didn't know why he failed to receive the order.

❸ Where are our sales representatives?

❹ If you don't have your photo ID, your admission is prohibited.

❺ Moving to the suburbs is not common these days.

❻ I know his manager.

in those days「当時は」は
前置詞が必要です。

❼ Our company car is cheaper than this car [this one].

❽ He can process customer orders as well as she can.

❾ What was he talking about?　— He was talking about the price of this product.

❿ Will he be able to find a parking space?
— Yes, he will.

① この店には今、パンフレットが2部しかありません。

② あなたはどうやってあなたの職場環境を改善しますか？

③ あの会社はこの地方で一番裕福です。

④ そのトレーニングは複雑すぎて、参加者たちは完了することができなかった。

⑤ 彼女は彼女のクライアントより早くその駅に着くでしょう。

⑥ そのショッピングモールは何時に開店するのですか？

⑦ 私たちは、私たちが来月赤字であるだろうと知っている。

⑧ 彼はその地下室の中で何をしているのですか？

⑨ 彼女の答えは良かった。

⑩ 私は運転免許証を持っています。

❶ There are only two **b**rochures in this store now.

❷ How do you **i**mprove your **w**ork **e**nvironment?

❸ That company is the richest in this **r**egion.

❹ The training was too **c**omplicated for the **a**ttendees to **c**omplete.

❺ She will arrive at the station earlier than her **c**lient.

❻ What time does the shopping mall **o**pen?

❼ We know that we will **b**e **i**n **t**he red next month.

❽ What is he doing in the **b**asement?

❾ Her answer was good.

「健康保険証」なら
health insurance cardです。

❿ I have a <u>driver's license</u>.

165

❺ beerは不可算名詞のため、How muchを使いましょう。

① あの信号が赤色になった。

② あなたはどうやって彼と交渉しますか？

③ 彼女はいつその取引をまとめますか？

④ 彼は、彼の事業を拡大するためにシンガポールへ行った。

⑤ この工場は毎日どのくらいのビールを作りますか？
― 毎日、800リットル作ります。

⑥ 誰が私たちの上司にその真実を伝えますか？

⑦ 彼はいつその倒産のニュースを聞きましたか？

⑧ 彼女は、彼女が早く異動することを望んでいます。

⑨ 彼は私より上手にこの新しい機械を取り扱いました。

⑩ たくさんの資料を配っているあの女性を見てください。

━ TIPS ━

❶ SVC ― 一般動詞 ❷ how ❸ when ❹ to不定詞 ― 副詞的用法（目的）
❺ How much ～? ❻ 疑問詞主語 who ❼ 過去形 ❽ that節 ❾ 比較級 ―
副詞 ❿ 現在分詞による修飾

❶ That traffic light turned red.

❷ How do you negotiate with him?

❸ When does she close the deal?

❹ He went to Singapore to expand his business.

❺ How much beer does this factory make every day?
― It makes 800 liters every day.

❻ Who will tell our boss the truth?

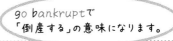
go bankruptで
「倒産する」の意味になります。

❼ When did he hear the bankruptcy news?

❽ She hopes that she will transfer soon.

❾ He handled this new machine better than I did.

❿ Please look at that woman handing out many materials.

167

❶ claimは「主張（する）」の意味で、日本語の「クレーム（苦情）」という意味はありません。

❶ その**クレーム**は、私がいない間に起きた。

❷ そのスタッフ全員はその**CFO**が彼の辞職を発表するのを聞いた。

❸ 私の同僚は私のオフィスの中で一番効率よく注文を処理することができる。

❹ 私たちは、私たちの商品の価格を下げてはいけません。

❺ あなたの上司は彼より賢い。

❻ 私は、私たちがその会社より劣っていると示す、そのデータを一度も見たことがない。

❼ 今月の売上数字についてのその報告書は私たちを不安に感じさせた。

❽ 彼女は、その決定がいつも適切であるリーダーだ。

❾ 彼女はいつその支社に到着する予定ですか？
― 夕方４時です。

❿ 彼がいつその仕事に就いたのか教えてもらえますか？

❶ The complaint occurred while I was away.

chief financial officer
「最高財務責任者」の省略形です。

❷ All the staff listened to the CFO announce his resignation.

❸ My colleague can process orders the most efficiently in my office.

❹ We must not reduce the price of our merchandise.

inferior⇔superior
「優れている」

❺ Your boss is cleverer than him.

❻ I have never seen the data which [that] shows that we are inferior to the company.

❼ The report on the sales figures this month made us feel uneasy.

❽ She is a leader whose decisions are always appropriate.

❾ When is she going to arrive at the branch office? ― At four in the evening.

❿ Will you please tell me when he got the job?

【著者】
森沢洋介

【イラスト】
森沢弥生

【装丁】
竹内哲夫

【編集】
野崎博和　藤田晋二郎　山下直人

【協力】
菅野 玲

【校正】
Anthony Bedard

【音声ナレーション】
Howard Colefield　水月優希

もりさわようすけ　はな　　しゅんかんえいさくぶん
森沢洋介の話せる瞬間英作文［ビジネス：シャッフル］

2023年9月1日　初版　第1刷発行

著　行　者　森　沢　洋　介
発　行　者　多　田　敏　男
発　行　所　TAC株式会社　出版事業部
　　　　　　　　　　　　　（TAC出版）
〒101-8383 東京都千代田区神田三崎町3-2-18
電話 03 (5276) 9492 (営業)
FAX 03 (5276) 9674
https://shuppan.tac-school.co.jp/
印　　　刷　株式会社　ワ　　　コ　　　ー
製　　　本　株式会社　常　川　製　本

© 2023 Yosuke Morisawa　　　Printed in Japan
ISBN 978-4-300-10411-8
N.D.C. 837

書籍の正誤に関するご確認とお問合せについて

書籍の記載内容に誤りではないかと思われる箇所がございましたら、以下の手順にてご確認とお問合せをしてくださいますよう、お願い申し上げます。

なお、正誤のお問合せ以外の**書籍内容に関する解説および受験指導などは、一切行っておりません。**
そのようなお問合せにつきましては、お答えいたしかねますので、あらかじめご了承ください。

1 「Cyber Book Store」にて正誤表を確認する

TAC出版書籍販売サイト「Cyber Book Store」の
トップページ内「正誤表」コーナーにて、正誤表をご確認ください。

CYBER TAC出版書籍販売サイト
BOOK STORE

URL：https://bookstore.tac-school.co.jp/

2 1 の正誤表がない、あるいは正誤表に該当箇所の記載がない ⇒ 下記①、②のどちらかの方法で文書にて問合せをする

★ご注意ください★

お電話でのお問合せは、お受けいたしません。

①、②のどちらの方法でも、お問合せの際には、「お名前」とともに、
「対象の書籍名（○級・第○回対策も含む）およびその版数（第○版・○○年度版など）」
「お問合せ該当箇所の頁数と行数」
「誤りと思われる記載」
「正しいとお考えになる記載とその根拠」
を明記してください。

なお、回答までに1週間前後を要する場合もございます。あらかじめご了承ください。

① ウェブページ「Cyber Book Store」内の「お問合せフォーム」より問合せをする

【お問合せフォームアドレス】

https://bookstore.tac-school.co.jp/inquiry/

② メールにより問合せをする

【メール宛先　TAC出版】

syuppan-h@tac-school.co.jp

※土日祝日はお問合せ対応をおこなっておりません。
※正誤のお問合せ対応は、該当書籍の改訂版刊行月末日までといたします。

乱丁・落丁による交換は、該当書籍の改訂版刊行月末日までといたします。なお、書籍の在庫状況等により、お受けできない場合もございます。

また、各種本試験の実施の延期、中止を理由とした本書の返品はお受けいたしません。返金もいたしかねますので、あらかじめご了承くださいますようお願い申し上げます。

（2022年7月現在）